거룩한 삶의 추구

JERRY BRIDGES & THE PURSUIT OF HOLINESS

제리 브릿지즈

네비게이토 출판사
TO KNOW CHRIST AND TO MAKE HIM KNOWN

네비게이토 선교회는
국제적이며 복음적인 기독교 기관이다.
예수 그리스도께서는 자기를 따르는 자들에게
"너희는 가서 모든 족속으로 제자를 삼으라"
(마태복음 28:19)는 지상사명을 주셨다.
네비게이토 선교회는 세계 모든 국가에서
예수 그리스도의 일꾼들을 배가시켜
이 지상사명의 성취를 돕는 것을
근본 목표로 하고 있다.

네비게이토 출판사는
네비게이토 선교회의 문서 선교를 담당하고 있다.
본 출판사에서는 그리스도인의 영적 성장을 돕는
서적과 자료들을 출판하여,
그리스도인의 삶의 기초가 견고한
헌신된 제자로 성장하게 하고,
나아가 성숙한 인격과 지도력을 갖춘
일꾼이 되도록 돕고 있다.

Translated by permission
Title originally published in English as
THE PURSUIT OF HOLINESS,
by NavPress, a ministry of The Navigators.
© 1978 by The Navigators.
Korean Copyright © 1985, 1999, 2023
by Korea NavPress

거룩함을 추구하는 삶을
몸소 본으로 보여 주신
론 쎄니 선교사님께
이 책을 드립니다.

차 례

저자 소개 ··· 7
추천의 말 ··· 9
머리말 ·· 11

1. 당신을 위한 거룩함 ································· 15
2. 하나님의 거룩하심 ································· 23
3. 선택의 여지가 없는 거룩함 ······················ 35
4. 그리스도의 거룩하심 ······························ 45
5. 변화된 왕국 ··· 53
6. 거룩함을 위한 싸움 ································ 63
7. 날마다 우리의 싸움을 도우심 ···················· 71
8. 승리가 아니라 순종 ································ 83
9. 땅에 있는 지체를 죽임 ···························· 89
10. 개인적인 경건의 훈련 ··························· 101

11. 몸의 거룩함 ………………………………… 113

12. 마음의 거룩함 ……………………………… 119

13. 거룩함과 우리의 의지 ……………………… 129

14. 거룩함과 습관 ……………………………… 137

15. 거룩함과 믿음 ……………………………… 141

16. 불경건한 세상에서의 거룩함 …………… 149

17. 거룩함의 기쁨 ……………………………… 155

부록 - 거룩한 삶의 추구 성경공부 …………… 161

저자 소개

제리 브릿지즈(1929-2016)는 네비게이토 선교회의 부회장을 역임하였습니다. 그는 해군 장교로 한국전에도 참전하였으며, 복무 중에 네비게이토 선교회를 알게 된 후 이 사역에 헌신하여 1955년 이래 네비게이토 선교회 간사로 주님을 섬겼으며, 2016년에 사랑하는 주님 품에 안겼습니다.

저자는 이 책 외에도 경건에 이르는 연습, 하나님을 의뢰함, 넘치는 은혜 변화되는 삶, 진정한 교제, 날마다 자신에게 복음을 전하라, 겸손의 축복, 영적인 의지력 등 여러 책을 저술했습니다.

추천의 말

1969년부터 오랫동안 네비게이토 선교회의 재정 담당 간사로서 선교회의 법률 및 재정 문제를 책임 맡은 제리 브릿지즈는 미주리주, 콜로라도주 및 네덜란드에서 성공적인 사역의 경험을 두루 쌓은 적이 있습니다. 이 책에서 그는 성경적인 거룩함을 주제로 저술된 다른 어떤 책들보다도 더욱 날카롭고 호소력 있게 우리의 양심에 도전을 주고 있습니다. 주님께서 그의 종에게 능력을 주셔서 쓰게 하신 이 한 권의 책은 앞으로 수많은 사람들의 삶에 무한한 영향력을 주게 될 것임을 믿어 의심치 않습니다.

이 책은 믿는 자들이 거룩한 삶을 추구해 나가야 할 필요성을 주요 주제로 한 연구 결과로서 마음에 큰 감동을 불러일으킵니다. 거룩하신 하나님 그분이 아니시라면 이 거룩한 삶은 도저히 이룰 수 없을 것이며 따라서 우리는 언제나 그분의 거룩함에 대한 감사의 마음을 지녀야 할 것입니다. 오랜 기간에 걸쳐 꾸준하게 거룩한 삶을 추구해 왔던 저자가 반복해서 강조하고 있는 핵심 단어는 추구입니다.

독립선언서에서 토마스 제퍼슨은 '행복을 추구할 권리'야말로 인간의 타고난 권리이자 결코 양도할 수 없는 권리의 하나임을 선언했습니다.

그리스도인이라면 마땅히 하나님께서 무엇보다도 우리가 계속해서 거룩한 삶을 추구해 가며 그분의 거룩함을 닮아 가기를 바라고 계신다는 사실을 깨달아야 합니다. "내가 거룩하니, 너희도 거룩할지어다"(베드로전서 1:16).

영국의 한 시인은 독자들에게 "거룩함을 벗어 버리고 지성의 옷을 입어라"라고 역설했습니다. 그러나 거룩함을 팽개쳐 버린 지성은 마치 선장 없는 배와 같아 재난에 빠질 수밖에 없습니다. 이제 우리는 거룩함을 추구하면서, 마음속으로부터 이런 기도를 해야 합니다. "주님, 나의 지성을 취하사 주님의 뜻대로 온전히 사용하소서."

바로 이와 같은 이유에서, 나는 실제적인 거룩함의 문제를 중점적으로 다루고 있는 이 책을 적극 추천하는 바입니다. 저자는 이 책을 통하여 우리의 모든 삶 속에는, 지극히 거룩하신 하나님만이 부여해 주실 수 있는 거룩함이 스며들어 있어야 한다는 것을 잘 보여 주고 있습니다.

허버트 로키어 박사

머리말

결국엔 자기 능력 밖에 있는 자연의 힘에 전적으로 의존할 수밖에 없다는 사실을 알면서도, 농부는 밭을 갈고, 씨를 뿌리며, 거름을 주고, 정성을 들여 식물을 가꿉니다. 그는 씨앗을 발아시킬 수 없음은 물론, 농작물을 자라게 하고 여물게 하는 비와 햇빛을 만들어 낼 수도 없다는 사실을 잘 알고 있습니다. 풍성한 수확을 거두기 위해서는 이런 것들을 온전히 하나님의 손길에 의뢰할 수밖에 없습니다.

그렇기는 하나 그 농부는 열심으로 밭을 갈고, 거름을 주고, 재배해야 하는 그의 책임을 소홀히 한다면 추수 때에 아무것도 거둘 수 없게 된다는 사실도 알고 있습니다. 어떤 의미로 보면 그는 하나님과 동업을 하고 있습니다. 그러므로 그는 자기에게 맡겨진 그 자신의 책임을 다할 때라야 비로소 그의 몫을 배당받게 되는 것입니다.

경작은 하나님과 농부의 공동 작업입니다. 농부는 하나님께서 하시는 일들을 할 수 없고, 또한 하나님은 농부가 해야 될 일들을 하시지 않을 것입니다.

이것과 마찬가지로 거룩한 삶을 추구하는 것도 하나님과 그리스도인 사이의 공동 작업이라고 할 수 있습니다. 자신의 삶 가운데 하나님의 역사가 없이는 아무도 거룩함에 이를 수 없으며, 또한 자신의 노력이 없이 거룩해질 수 있는 사람도 있을 수 없습니다. 하나님께서는 우리에게 거룩한 삶을 실행할 수 있도록 해 주신 동시에 우리에게 거룩한 삶을 실천할 책임도 주셨습니다. 이 책임은 그분이 대신해 주시지 않습니다.

우리 그리스도인들은 하나님께서 우리에게 무엇을 공급해 주셨고, 그리스도께서 십자가 위에서 죽으심으로 어떻게 죄를 이기셨으며, 또 어떻게 우리에게 성령을 주사 죄로부터 승리할 수 있는 능력을 주셨는가 하는 사실들에 대하여 이야기하는 것은 매우 즐겁습니다. 그러나 거룩한 삶을 실천해야 하는 우리 자신들의 책임에 대해서는 별로 이야기하려고 하지 않습니다. 그 주된 원인은 다음과 같이 두 가지로 들 수 있습니다.

첫째는 우리가 단지 우리의 책임을 맡아 감당하기를 꺼리기 때문입니다. 우리는 하나님께 책임을 전가하기를 좋아합니다. 우리는 마땅히 행함으로 순종해야 된다는 것을 알면서도 승리를 주시도록 기도만 하는 경우가 많습니다.

둘째는 거룩함에 대한 하나님의 도우심과 우리 자신의 책임과의 차이를 잘 이해하지 못하고 있기 때문입니다. "내가 스스로 해야 할 것은 무엇이며, 또 하나님께 의뢰해야 할 것은 무엇인가?"라는 질문을 해결하지 못하고 나는 몇 년 동안이나 씨름해 왔는지 모릅니다. 이 문제에 대한 답을 성경에서 발견하고 난 다음에야 비로소 나는 나의 책임을 감당할 수 있었으며, 또한 "거룩함을 추구"하는 삶에 진보가 나타나게 되었습니다.

이 책의 제목은 "거룩함을 추구하라. 거룩함이 없이는 아무도 주를 보지 못할 것이기 때문이다"(히브리서 12:14 참조)라는 성경의 명령에서 비롯되었습니다. 추구하라(좇으라)는 말은 두 가지를 생각나게 해 줍니다. 첫째로 그것은 근면과 수고가 요구되며, 둘째로는 일생에 걸친 작업이라는 것입니다. 이것들이 이 책 전체를 통하여 흐르고 있는 두 가지 주제입니다. 우리의 거룩함을 위해서 하나님께서 베풀어 주신 것들을 확실하게 밝히면서도 의도적으로 우리의 책임을 강조했습니다. 이것이 오늘날 우리 그리스도인들에게 정말로 강조되어야 할 책임이라고 느껴지기 때문입니다. 동시에 나는 거룩함이란 우리가 살고 있는 이 세상에서는 결코 완전하게 성취할 수 없는 하나의 과정임을 강조하려고 애썼습니다. 우리가 어떤 한 가지 영역에서 하나님의 뜻에 합당한 삶을 살게 될 때, 하나님께서는 또 다른 영역에서 우리에게 필요한 것들을 보여 주십니다. 바로 이 같은 이유로 인해 이 세상에서는 거룩함을 완전하게 이루지 못하고 계속적으로 추구해 나가야 하는 것입니다.

거룩함이라는 주제를 가지고 개인적으로 성경공부를 했던 것 외에도, 나는 청교도들과 그들의 가르침을 따랐던 사람들이 거룩함에 대하여 써 놓은 책들로부터 많은 유익을 얻었습니다. 그들의 책을 직접 인용한 부분도 많이 있고, 그들의 글 자체가 내가 한 말 속에 스며들어 있는 경우도 있습니다. 존 오웬과 마틴 로이드 존스 박사의 저서에 나온 내용인 경우, 더욱더 그렇습니다. 거룩함에 대한 두 분의 글은 나 개인에게 값으로 따질 수 없을 만큼 귀중한 축복을 주었습니다.

나는 이 주제에 대해서 감히 다 알고 있노라고 말할 수도 없을 뿐더러 이 일에 그만한 진보가 있다고 주장할 수도 없습니다. 이 책을 쓰면서 나는 여러 차례에 걸쳐서 이 내용들을 먼저 나 자신의 삶에 적용해 봐야 했습니다. 그러나 내가 깨달았던 진리들은 나 자신이 거룩함을 추구해 나가는 데 커다란 도움이 되었으며, 또 이 책을 읽는 모든 사람들에게도 도움이 되리라 믿습니다.

본문에 나오는 거룩함에 관한 주제를 성서적으로 깊이 연구할 수 있도록 이 책 뒤에 거룩한 삶의 추구에 대한 성경공부 교재를 부록으로 첨

부하였습니다. 이 부분을 개인적으로나 그룹으로 공부해 볼 것을 권합니다.

끝으로 이 책이 나오기까지 수고를 아끼지 않은 여러 형제 자매님들께 감사를 드립니다.

1
당신을 위한 거룩함

> 죄가 너희를 주관치 못하리니
> 이는 너희가 법 아래 있지 아니하고
> 은혜 아래 있음이니라.
> 로마서 6:14

요란한 전화벨 소리가 꽁꽁 얼어붙은 콜로라도의 아름다운 아침의 적막을 깨뜨렸습니다. 전화를 건 사람은, 마치 하나님이 자기 자녀들의 자비심과 인내심을 시험하시기 위해 이 땅 위에 흩어 놓은 듯한, 도저히 구제할 길 없어 보이는 그런 종류의 사람이었습니다.

그는 마치 자기 세상이라도 만난 듯이 이를 데 없이 건방지고 조급하며 무례했습니다. 나는 속에서 화가 치밀어 오르고 분통이 터지며, 어찌나 그가 밉던지 그만 수화기를 놓아 버렸습니다. 나는 웃옷을 집어들고 밖으로 나와 차가운 바람을 쐬며 마음을 가라앉히려고 노력했습니다. 그날 아침 경건의 시간을 통해 정성 들여 가꾸었던 영혼의 평화는 간곳 없이 사라져 버리고, 감정만 화산처럼 펄펄 끓어오르고 있었습니다.

감정이 가라앉고 나자, 나의 분노는 극도의 실망으로 변했습니다. 겨우 오전 8시 반밖에 되지 않았는데 하루를 완전히 망치고 말았습니다.

나는 실망이 되었을 뿐만 아니라 당혹스럽기까지 했습니다. 바울의 다음과 같은 단호한 선언을 들은 지가 두 시간도 채 되지 못했습니다. "죄가 너희를 주관치 못하리니 이는 너희가 법 아래 있지 아니하고 은혜 아래 있음이니라." 그렇지만 이처럼 멋있게 들리는, 죄에 대한 승리의 약속에도 불구하고, 나는 화와 분노의 노예가 되어 있었던 것입니다.

"진실로 성경은 실생활에 아무런 해결책도 줄 수 없단 말인가?" 그날 아침 내내 나는 이렇게 자문해 보았습니다. 마음에는 진정 순종하며 거룩한 삶을 살고 싶어 하건만, 현실은 그렇지 못하고 전화 한 통화에 그만 그 마음은 깨어지고 말았던 것입니다.

여러분도 아마 이런 경우를 많이 당해 보았을 것입니다. 상황에는 약간의 차이가 있었을지 모르지만 반응은 대개 비슷했을 것입니다. 혹 자녀들에게 화를 냈다든지, 일 때문에 신경질을 부렸다든지, 극복하지 못하고 있는 순결치 못한 습관이나 날이면 날마다 자신을 "괴롭히는 죄들"로 인한 갈등일 수도 있습니다.

우리의 죄 문제가 어떤 것이든 성경은 이에 대한 해결책을 제시해 주고 있습니다. 그렇기에 희망이 있습니다. 우리는 하나님의 말씀에 순종함으로써 거룩한 삶을 살아갈 수 있는 것입니다. 사실 다음 장에서도 살펴보겠지만 하나님께서는 모든 그리스도인들이 거룩한 삶을 살아가기를 기대하십니다. 그러나 거룩함이란 단지 기대하는 것으로 그치는 게 아니라 모든 그리스도인에게 약속된 타고난 권리입니다. 바울의 말은 사실입니다. 죄는 우리를 주관치 못할 것입니다. 오늘날 "거룩"이란 말은 어쩐지 사람들에게 케케묵은 듯한 느낌을 주는 모양입니다. 어떤 사람들은 **거룩**이라 하면 고풍스런 의상을 연상하며, 또 어떤 이들은 "나는 그대보다는 더 거룩하오"라는 투의 비위에 거슬리는 태도를 연상합니다. 그렇지만 거룩함이란 매우 중요한 성서적 개념입니다. 성경에는 거룩이란 말이 여러 형태로 600번 이상이나 나오고 있습니다. 레위기 한 권 전부가 바로 이 주제를 다루고 있으며, 또한 이 거룩이란 개념은 성경 전체의 골격을 이루고 있습니다. 더욱 중요한 것은 하나님께서 우리에게 거룩하라고 구체적으로 명하셨다는 사실입니다(레위기 11:44 참조).

거룩이란 어떤 것이냐 하는 문제는 수많은 잘못된 개념들의 도전을 받아 왔습니다. 어떤 곳에서는 술이나 담배, 춤 따위를 금하는 것을 거룩하다고 여기기도 합니다. 이러한 금기 사항들은 집단에 따라 달라집니다. 우리도 거룩함이란 이런 것이라고 생각하고 있다면, 바리새인들과 같이 끝도 없는 사소한 행위 규범들을 가지고 왈가왈부하며 자기 의에 빠질 위험에 처하게 됩니다. 또 어떤 사람들에게는 거룩함이란 어떤 특정한 스타일의 옷을 입어야 한다든지 하는 따위의 매너리즘을 뜻하기도 합니다. 또, 도달할 수 없는 완전을 의미하는 말로서 죄에 대한 실망이나 기만을 조장하는 개념으로 받아들이는 사람들도 있습니다.

거룩에 대한 이런 개념들은 어느 모로는 일리가 있는 면도 있지만, 본질은 놓친 피상적인 것들입니다. 거룩하다는 것은 도덕적으로 흠이 없는 것을 뜻합니다. 즉, 죄로부터 떠나 하나님께 드려지는 것입니다. 거룩이란 말은 "하나님께로의 구별 및 그런 구별된 자로서의 합당한 행실"을 의미합니다.

신약의 저자들이 그 말을 어떻게 사용했는가를 살펴보면, 거룩이란 말의 의미를 가장 잘 이해할 수 있을 것입니다. 데살로니가전서 4:3-7에서 바울은, 음란하고 부정한 삶과 대비시켜 이 말을 사용했습니다. 베드로는, 우리가 그리스도 밖에 있을 때 잘못된 욕심을 따라 살던 삶에서 떠나는 것이 곧 거룩함이라고 말했습니다(베드로전서 1:14-16). 요한은, 거룩한 사람들과 그렇지 못한 사람들 곧 불의하고 더러운 사람들을 비교해 가며 이 말을 사용했습니다. 그러므로 거룩한 삶을 산다는 것은 이 세상 죄악의 길을 떠나서 성경이 제시해 주고 있는 도덕적 가르침을 따라 사는 것을 말합니다. 그 삶은 다음과 같이 특징지을 수 있습니다. "너희는 유혹의 욕심을 따라 썩어져 가는 구습을 좇는 옛사람을 벗어 버리고 오직 심령으로 새롭게 되어 하나님을 따라 의와 진리의 거룩함으로 지으심을 받은 새사람을 입으라"(에베소서 4:22-24).

거룩이 그리스도인의 삶에 있어 이처럼 기본적인 요소인데도, 우리는 왜 날마다 그것을 경험하지 못할까요? 죄와의 싸움에서 늘 패배한다고 생각하는 그리스도인들이 그토록 많은 까닭은 무엇입니까? 예수 그리스도의 교회가 번번이 하나님보다는 주위 세상을 닮아 가고 있는 것처럼 보이는 까닭은 무엇입니까?

너무 단순화시키는 게 아닌가 하는 생각이 들기도 하지만, 그 까닭은 다음과 같이 세 가지로 집약될 수 있습니다.

첫째, 죄를 대하는 우리의 태도가 하나님 중심적이라기보다는 자기중심적이기 때문입니다. 우리는 우리의 죄가 하나님의 마음을 슬프게 해 드린다는 사실보다는, 우리 스스로의 힘으로 죄를 이겨 보겠다는 "승리"에 더 큰 관심을 쏟습니다. 우리가 죄와의 싸움에서 진 것을 참지 못하는 주된 이유는 우리의 죄가 하나님께 죄를 범한 것이라는 사실을 알고 있기 때문이 아니라, 우리가 싸움에서 이기지 못하고 패배했다는 사실을 염두에 두고 있기 때문입니다.

플러머는 이렇게 말했습니다. "우리는, 죄가 하나님을 거역한 것이라는 사실을 알기까지는 그 죄의 정체를 올바로 안다고 말할 수 없습니다. 죄가 하나님을 거역한다는 의미는 이것입니다. 즉, 죄로 말미암아 하나님의 법이 파괴되며, 죄로 말미암아 하나님의 권위가 무시되며, 죄로 말미암아 하나님의 통치가 이루어질 수 없다는 뜻입니다.… 바로와 발람과 사울과 유다는 모두 다 '내가 죄를 지었다'고 했습니다. 그러나 돌아온 탕자는 '내가 하늘과(하늘을 거역하고) 아버지께 죄를 얻었사오니'라고 했으며(누가복음 15:18), 다윗은 '내가 주께만 범죄하여(주를 거역하여) 주의 목전에 악을 행하였사오니'라고 말했습니다(시편 51:4).

하나님께서는 우리에게 승리가 아니라 순종을 원하십니다. 순종은 하나님 지향적이며, 승리는 자아 지향적입니다. 이것은 너무 그 뜻에 얽매이는 게 아니냐고 생각할지 모르겠지만, 우리가 죄 때문에 겪는 많은 어려움들의 밑바닥에는 자기중심적인 미묘한 태도가 자리 잡고 있습니다. 우리가 정면으로 맞닥뜨려 이러한 태도를 해결하지 않는 한 우리는 거룩한 삶의 행진을 계속할 수 없게 됩니다.

이렇게 말하는 것은, 하나님께서는 우리가 승리하는 삶을 살기를 원하시지 않는다는 것이 아니라, 승리란 단순히 순종의 부산물이라는 것을 강조하기 위함입니다. 우리가 순종하는 삶, 거룩한 삶에 초점을 맞추다 보면 틀림없이 우리는 죄로부터 승리하는 기쁨을 맛보게 될 것입니다.

둘째, "믿음으로 사는 삶"(갈라디아서 2:20)의 의미를 오해하고 있기 때문입니다. 그리하여 우리는 거룩하기 위해서 힘써 수고해야 할 필요가 전혀 없다고 생각하게 된 것입니다. 때로 우리는 그러한 수고를 "육신적"이라 하기까지 했습니다.

1880~1900년 사이에 영국 리버풀의 성공회 감독이었던 존 라일의 말은 이 점에 관하여 우리에게 교훈을 주고 있습니다. "거룩하게 되는 것은 오직 믿음에 의한 것이지 결코 개인적인 노력에 의한 것이 아니라는 식의 근거도 없는 주장을 하고 있는 이들이 많은데, 과연 타당한 이야기입니까? 이것은 하나님의 말씀에 일치하고 있습니까? 나는 그것이 옳지 않다고 생각합니다. 정상적인 그리스도인이라면, 그리스도 안에 있는 믿음이 거룩함의 원천이 된다는 사실을 부인할 사람은 아무도 없

을 것입니다. 그러나 성경은 우리에게 참된 그리스도인으로서 거룩함을 좇기 위해서는 믿음뿐만이 아니라, 개인적인 노력과 수고가 필요하다고 분명하게 가르치고 있습니다."

모든 그리스도인에게는 거룩한 삶을 살아야 할 개인적 책임이 있다는 사실을 우리는 직시하지 않으면 안 됩니다. 어느 주일날 설교 시간에 목사님이 바로 이 점을 언급하였습니다. "여러분이 진정으로 원할 때라야, 여러분은 여러분을 지배해 왔던 그 죄의 습관을 버릴 수가 있습니다." 목사님이 언급했던 그 특별한 습관은 내게는 별다른 문제가 되지 않는 것이었기에 나는 마음속으로 쉽게 동의할 수가 있었습니다. 그런데 그때 성령께서 나에게 이렇게 말씀해 주셨습니다. "제리, 너도 너의 개인적인 책임을 네가 받아들이기만 하면, 너를 괴롭히는 죄의 습관들을 버릴 수가 있다." 바로 이 같은 책임이 나에게 주어져 있다는 사실에 대한 깨달음은 거룩함을 추구해 나가는 나의 발걸음에 이정표가 되었습니다.

셋째, 어떤 죄들은 우리가 별로 대수롭지 않게 여기기 때문입니다. 우리는 마음속으로 죄를 두 가지로 구분해서, 눈감아 줄 수 없는 죄와 대략 눈감아 줄 수 있는 죄로 나눠 놓고 있습니다. 이 책의 집필이 거의 끝나갈 무렵에 발생했던 사건이 이것을 잘 보여 주고 있습니다. 우리의 새 사무실 건물이 다 지어지기까지 우리는 트레일러 주택을 임시 사무실로 쓰고 있었습니다. 우리 땅은 트레일러 주택을 둘 수 없는 지역이었기 때문에 우리가 트레일러를 사용할 수 있도록 하기 위해서는 허가를 얻어야 했습니다. 공사가 지연되었던 관계로 그 허가 기한은 몇 번씩이나 갱신되어야 했습니다. 마지막으로 갱신했던 허가 기한이 다 끝날 때쯤에 가서야 건물이 다 완공되었습니다. 그 때문에 그 기한 내로는 차근차근 순조롭게 이사를 진행시킬 수 있을 만큼 충분한 시간적 여유가 없었습니다. 이로 말미암아 트레일러를 사용하고 있던 부서에서는 어려운 문제 가운데 처하게 되었습니다.

이 문제를 논의하기 위해 모였던 자리에서는 "겨우 며칠인데, 그 부서의 이사를 좀 늦게 한다기로서 뭐 그렇게 큰 문제가 되겠는가?"라는 의견도 나왔습니다. 사실 그리 큰 문제가 될 것 같지도 않았습니다. 그 트레일러는 다른 사람들의 눈에 띄지 않는 언덕 뒤쪽에 자리 잡고 있었습니다. 그리고 법적으로 따져도 우리는 트레일러를 옮길 필요가 없이 단지 그것을 비우기만 하면 되었습니다. 그렇다면 우리가 그 허가 기간을 어기고 며칠쯤 더 사용한다고 해서 문제가 되겠는가? 법을 문자 그대로 해석하고 따르는 형식주의에 얽매일 필요는 없지 않을까?

그러나 성경은 그것이 "포도원을 허는 작은 여우"(아가 2:15)라고 말합니다. 이처럼 지극히 작은 일들에 타협함으로써 점점 더 큰 일에서까지 타락해 갑니다. 민법을 약간 무시하는 정도는 하나님의 시야에서 볼 때 별로 대수로운 죄가 아니라고 말할 수 있는 사람이 있겠습니까?

구약성경에서 하나님이 이스라엘 자손들에게 주신 음식물에 관한 몇 가지 세세한 금기 사항들에 관해서 언급하면서 앤드류 보나는 다음과 같이 말했습니다. "순종의 기준으로 삼아야 할 것은 그 법의 중요성이 아니라 바로 그 법을 주신 분의 위엄입니다.… 이처럼 사소하고 임의적인 법들을 하찮게 여기는 사람들이 있을지도 모르지만, 순종이냐 불순종이냐에 포함된 원리는 에덴동산의 금단의 나무 아래서 시행된 원리와 똑같습니다. 그 원리란 바로 다음과 같습니다. 하나님이 명하신 것은 무엇이든지 모두 순종해야 하는가? 그분은 거룩하신 입법자인가? 피조물들은 그분의 뜻에 무조건 따라야 하는가?"

크건 작건 하나님의 법에서 금하고 있다면 죄를 "죄"라고 부를 수 있겠습니까? 거룩한 삶을 살고자 한다면, 우리는 죄를 구분해서는 안 됩니다. 하나님께서는 우리가 죄를 구분하는 그와 같은 태도를 버리길 원하십니다.

  이 세 가지 문제는 이 책의 다음 장들에서 보다 상세하게 다룰 것입니다. 그러나 다음 장으로 넘어가기 전에 바로 지금 시간을 내어 다음과 같은 문제들에 관해서 마음속에 정리해 두십시오. 당신은 죄를 단지 당신 자신의 개인적 피해로서가 아니라 거룩하신 하나님께 대한 거역 행위로 여기게 되었습니까? 당신은 자신의 죄에 대하여 개인적인 책임을 지며, 이를 위해서는 하나님의 은혜에 의지해야만 된다는 사실을 깨닫고 있습니까? 또 아무리 사소한 문제들이라 할지라도 생활의 모든 영역에 걸쳐 하나님께 순종하기로 했습니까?

  다음 장에서 먼저 하나님의 거룩함에 대해서 생각해 보기로 하겠습니다. 거룩은 우리 자신이 아니라 하나님으로부터 시작합니다. 우리가 그분의 거룩함과 절대적인 순결함과 죄를 미워하시는 마음을 보게 될 때라야, 우리는 거룩하신 하나님을 거역하는 죄에 대한 두려움에 사로잡히게 됩니다. 죄에 대한 그러한 두려움이야말로 거룩함을 추구해 나가기 위해 내딛는 첫걸음에 해당합니다.

2
하나님의 거룩하심

오직 너희를 부르신 거룩한 자처럼
너희도 모든 행실에 거룩한 자가 되라.
기록하였으되, "내가 거룩하니
너희도 거룩할지어다" 하셨느니라.
베드로전서 1:15-16

하나님은 모든 그리스도인들을 거룩한 삶으로 부르셨습니다. 이 부르심에서 제외된 사람은 아무도 없습니다. 목사나 선교사, 또는 몇몇 헌신적인 주일학교 교사들만을 부르신 것이 아닙니다. 부유한 자나 가난한 자나, 배운 자나 못 배운 자나, 유명한 자나 무명한 자나, 전 세계 모든 민족 어느 누구든지 그리스도인이라면 모두 다 거룩한 삶을 살도록 부르심을 받았습니다. 노동자든, 은행가든, 평범한 가정주부이든, 국가를 다스리는 최고 통치자든, 그리스도인이라면 누구나가 다 똑같이 거룩한 삶을 살도록 부르심을 받았습니다.

이 부르심은 하나님 자신이 거룩하시다는 사실에 기초를 두고 있습니다. 하나님 자신이 거룩하시기 때문에, 하나님은 우리에게 거룩할 것을 요구하십니다. 오늘날 많은 그리스도인들의 "거룩함"의 표준은 소위 "문화적"입니다. 그들은 그들 주위에 있는 그리스도인들의 성품과 행동

양식을 따릅니다. 그리하여 그들의 거룩한 삶의 표준도 주위의 기독교 문화에 따라 좌우됩니다. 그러나 하나님께서는 우리 주위에 있는 그리스도인들과 같이 되라고 우리를 부르신 게 아닙니다. 하나님은 하나님 자신을 닮으라고 우리를 부르셨습니다. 거룩함이란 하나님의 성품을 닮는 것을 말합니다.

  성경에 나온 바와 같이, 거룩함이란 하나님의 위엄과 하나님의 본성의 순결과 도덕적 완전함을 나타내고 있습니다. 거룩은 하나님의 속성 가운데 하나입니다. 다시 말해 거룩이란 하나님의 본성에 속한 필수적인 요소라는 것입니다. 그분의 거룩함은 그분의 존재만큼이나, 또한 그분의 지혜와 전지하심만큼이나 필수적인 요소입니다. 그분은 정녕 무엇이 옳은지 알고 계시며, 또한 그것을 반드시 행하십니다.

  우리들은 과연 무엇이 옳고, 의롭고, 공정한 것인지를 항상 바로 알지는 못합니다. 때때로 우리는 도덕적으로 판가름하기 어려운 결정들 때문에 번민하기도 합니다. 우리는 "무엇을 해야 옳단 말인가?" 하고 자문해 봅니다. 물론 하나님은 결코 이러한 곤궁에 처하시지 않습니다. 그분은 완전한 지식을 가지고 계시기 때문에 옳고 그른 바를 명확하게 가리실 수 있습니다.

  그러나 가끔 우리는 옳은 것을 알고 있으면서도 우리가 막상 그것을 하려고 하면 마음이 내키지 않는 때가 있습니다. 올바른 행동에는 희생이 따르기 때문인지도 모릅니다. 우리의 자존심을 상하지 않으면 안 될지도 모르고(예를 들어, 다른 사람에게 죄를 고백해야만 된다는 것을 알 때), 그 밖에 다른 장애 요인들이 있을지도 모릅니다. 그러나 이것 역시 하나님께는 해당이 되지 않는 문제입니다. 하나님은 결코 머뭇거리지 않으십니다. 그분은 언제나 의롭고 옳은 것이라면 조금도 주저하지 않고 행하십니다. 하나님의 본성으로 보건대 하나님께서 이와 다르게 행하신다는 것은 도저히 있을 수가 없는 일입니다.

또한 하나님의 거룩하심은 모든 악으로부터의 완전한 자유를 뜻합니다. 옷에 더러운 얼룩이 묻지 않았을 때 그 옷을 깨끗하다고 하며, 모든 찌끼를 제한 금을 가리켜 순금이라고 합니다. 이처럼 하나님의 거룩하심이란 하나님 자신 속에 악의 요소라고는 조금도 없다는 것을 가리키는 것이라 할 수 있습니다. 요한은 "하나님은 빛이시라. 그에게는 어두움이 조금도 없으시니라"(요한일서 1:5)라고 말했습니다. 이처럼 성경에 쓰인 빛과 어두움이란 말은 도덕적으로 중요한 의미를 가지고 있습니다. 요한이 우리에게 이야기해 주고 있는 바는 하나님은 도덕적으로 조금도 악한 점이 없으며 그분 자신이 도덕적 순결의 본체시라는 것입니다.

하나님의 거룩하심에는 또한 하나님의 신성에 그분이 완전히 일치하고 있다는 뜻이 내포되어 있습니다. 즉, 하나님의 모든 생각과 행위가 그분의 거룩한 성품과 일치하고 있다는 것입니다. 이것과 비교해 우리 자신의 삶을 생각해 봅시다. 시간이 흘러가면서 우리는 점점 믿음 안에서 성장함에 따라 조금씩 그리스도인의 성품을 계발하여, 신실, 순결, 겸손과 같은 영역에 진보가 있게 됩니다. 그러나 우리의 행위는 항상 우리 자신의 성품과 일치되지는 않습니다. 우리는 거짓을 말하기도 하고 순결하지 못한 생각에 빠질 수도 있습니다. 그리고 나서는 우리 자신의 성품과 모순되는 이러한 행위들로 말미암아 당황하기도 합니다. 하나님께는 결코 이러한 일이 없습니다. 하나님은 언제나 자신의 거룩한 성품과 모순되게 행하시지 않습니다. 하나님께서는 "내가 거룩하니 너희도 거룩할지어다"라고 말씀하심으로써, 우리를 바로 위와 같은 거룩의 수준 가운데로 부르신 것입니다.

하나님이 절대적으로 거룩하시다는 사실은 우리에게 큰 위로와 확신을 가져다줍니다. 하나님이 온전히 거룩하시다면, 우리는 하나님께서 우리에게 행하신 모든 것들이 언제나 완전하고 바르다는 것을 확신할 수 있기 때문입니다. 우리는 종종 하나님이 행하시는 일들에 대해서 의문을 제기하거나 우리를 불공평하게 대하신다고 불평하는 유혹에 빠지기도 합니다. 이것은 사탄의 거짓 술수며, 그가 하와에게 사용했던 속임수도 바로 이와 같습니다. 사탄이 실제로 하와에게 하고자 했던 말은 '하나님이 너를 불공평하게 대하고 계신다'(창세기 3:4-5 참조)는 것이었습니다. 그러나 어느 모로 살펴보아도 하나님은 그 본성에 있어서 불공평하실 수가 없습니다. 하나님은 거룩하시기 때문에 하나님의 행하심은 모두 거룩합니다.

견디기 힘든 환경이 하나님은 거룩하시다는 사실을 왜곡시킬지라도, 우리는 이 사실을 믿음으로 받아들여야만 합니다. 하나님을 대하여 불평하는 것은 사실상 하나님의 거룩함을 부인하며 그분이 공평하지 못하다고 말하는 것과 같습니다. 17세기에 청교도 목회자였던 스티븐 차녹은 다음과 같이 말했습니다. "하나님의 순전하심을 부인하는 것은 그분의 존재를 부인하는 것보다도 더 심한 해를 하나님께 가하는 것이다. 존재를 부인하는 것은 그분을 하나님으로 인정하지 않는 것이지만, 순전하심을 부인하는 것은 그분을 추하고 역겨운 불구의 하나님으로 만드는 것이다.… 하나님은 거룩하시지 않다고 말하는 것보다 차라리 하나님은 존재하지 않는다고 말하는 편이 더 나을 것이다."

내가 하나님을 향해 불평했을 때, 하나님이 나를 어떻게 대하셨던가를 수십 년이 지난 지금도 생생하게 기억하고 있습니다. 하나님의 뜻을 따라, 나는 캘리포니아주의 샌디에이고에 자리를 잡고 일자리를 찾기 시작했습니다. 몇 주일이 지나도 일자리가 구해지지 않자, 마음속으로 하나님을 원망하기 시작했습니다. "이젠, 하나님의 뜻을 행하려던 계획을 포기하는 수밖에 없어. 하나님은 나를 버려두셨어." 은혜스럽게도 하나님께서는 나의 마음을 욥기 34:16-19에 주목하게 해 주셨습니다. "만일 총명이 있거든 이것을 들으며, 내 말소리에 귀를 기울이라. 공의를 미워하시는 자시면 어찌 치리하시겠느냐? 의롭고 전능하신 자를 네가 정죄하겠느냐? 그는 왕에게라도 비루하다 하시며, 귀인들에게라도 악하다 하시며, 왕족을 외모로 취하지 아니하시며, 부자를 가난한 자보다 더 생각하지 아니하시나니, 이는 그들이 다 그의 손으로 지으신 바가 됨이니라." 나는 이 구절을 읽자마자 곧 무릎을 꿇고 하나님의 거룩하심에 대해 의심하고 불평했던 끔찍한 죄를 자백했습니다. 하나님께서는 나를 긍휼히 여기사 용서해 주셨으며 그다음 날엔 두 군데서 일자리를 제의해 왔습니다.

우리는 하나님의 거룩하심을 깨닫게 될 때 하나님을 찬양할 수 있게 됩니다. 요한계시록 4장에서 요한이 환상 중에 봤던 하늘에서는 네 생물이 하나님 보좌 주위에서 밤낮 쉬지 않고 이르기를, "거룩하다, 거룩하다, 거룩하다, 주 하나님 곧 전능하신 이여. 전에도 계셨고 이제도 계시고 장차 오실 자라"(요한계시록 4:8)라고 찬양하고 있습니다. 이사야가 환상 가운데 주님의 영광을 볼 때 나타났던 스랍들도 이처럼 하나님이 거룩하시다고 세 번씩이나 말했습니다(이사야 6:3). 바로의 군대로부터 이스라엘 민족을 구출해 주셨던 하나님을 찬양할 때에 모세도 역시 하나님의 거룩하심을 노래했습니다. "여호와여, 신 중에 주와 같은 자 누구니이까? 주와 같이 거룩함에 영광스러우며, 찬송할 만한 위엄이 있으며, 기이한 일을 행하는 자 누구니이까?"(출애굽기 15:11).

성경을 보면 하나님은 종종 거룩하신 자라든가, 이스라엘의 거룩한 자라는 이름으로 불리십니다. 스티븐 차녹에 의하면 속성을 나타내는 다른 어떤 말보다도 '거룩한'이란 말이 하나님 이름 앞에 가장 많이 쓰인다는 것입니다. 거룩은 하나님의 면류관입니다. 하나님은 전지전능하시며 편재하시지만, 온전히 거룩하시지는 못하다고 잠시 생각해 봅시다. 그러한 분이라면 더 이상 하나님으로 여길 수가 없을 것입니다. 거룩이 그의 다른 모든 속성들을 완전케 해줍니다. 그분의 능력은 거룩한 능력이며, 그분의 자비는 거룩한 자비이며, 그분의 지혜는 거룩한 지혜입니다. 하나님을 우리의 찬양을 받으시기에 합당한 분으로 만드는 것은, 다른 어느 속성보다도 그분의 거룩하심입니다.

그러나 하나님은 우리가 그분의 거룩하심을 단지 인정하는 정도로 그치기를 원하시지 않습니다. 하나님은 우리에게 "내가 거룩하니 너희도 거룩할지어다"라고 말씀하십니다. 하나님은 그분의 피조물인 인간에게 완전한 거룩을 요구하십니다. 하나님은 어떤 종류의 죄라도 간과하거나 묵인하시질 않습니다. 잠시라도 그분의 완전한 거룩의 수준을 낮추지 아니하시고 오히려 이렇게 말씀하십니다. "너희도 모든 행실에 거룩한 자가 되라." 하박국 선지자는 "주께서는 눈이 정결하시므로 악을 참아 보지 못하시며 패역을 참아 보지 못하신다"(하박국 1:13)라고 말했습니다. 하나님은 거룩하시기 때문에 아무리 사소하다 할지라도 우리가 지은 죄를 결코 묵인하시거나 간과하시지를 않습니다.

때때로 우리는 양심에 거리끼는 어떤 행위들에 대해서 하나님께 변명하고 정당화하려고 합니다. 그러나 우리가 하나님의 완전한 거룩하심의 중요성을 진정으로 파악하게 되면, 그분의 완전한 뜻으로부터 조금만 벗어났다 하더라도 하나님 앞에서 조금도 변명할 수 없음을 알게 됩니다. 하나님께서는, "그게 바로 나의 모습인 걸 뭐"라고 변명하거나, "그래도 나는 그 영역에서는 여전히 성장하고 있는 걸" 하고 좀 더 희망적으로 말하는 것조차 용납하시지 않습니다.

하나님의 거룩함은 우리의 개인적인 성품 가운데 있는 작은 흠이나 결점도 허용하지 않습니다. 우리 그리스도인들은 오로지 그리스도의 의로 말미암아 의롭게 되었다 할지라도, 아래와 같은 히브리서 기자의 말을 주의 깊게 생각해 보아야 합니다. "…거룩해지기를 힘쓰시오. 거룩해지지 않고서는 아무도 주를 뵙지 못할 것입니다"(히브리서 12:14, 새번역).

하나님은 거룩하시기 때문에 결코 우리를 시험하여 죄짓게 하시지 않습니다. "사람이 시험을 받을 때에, '내가 하나님께 시험을 받는다' 하지 말지니, 하나님은 악에게 시험을 받지도 아니하시고, 친히 아무도 시험하지 아니하시느니라"(야고보서 1:13). 우리들 가운데 설마 '하나님이 나를 유혹하여 악을 행하게 하신다'고 생각하는 사람은 아무도 없겠지만, 하나님께서는 우리를 어찌해 볼 도리가 없는 궁지에 몰아넣기도 하신다고 느끼는 사람이 있을지도 모르겠습니다.

블레셋 군대를 맞아 처음으로 전쟁을 치르려고 하던 때에, 사울왕이 바로 이런 경우를 당했습니다(사무엘상 13장). 전쟁에 나가기 전에 선지자 사무엘이 와서 하나님께 번제를 드려 하나님의 은총을 간구해 주도록 사울은 7일을 기다려야 했습니다. 사울은 사무엘을 7일 동안 기다렸습니다. 올 때가 다 되어서도 그가 오지 않자, 사울은 초조해져 그를 대신해서 제사를 드렸습니다. 사울은, 달리 어떻게 해 볼 수 없는 막다른 상황에 처해 있다고 스스로 생각했던 것입니다. 사람들은 두려워서 도망하기 시작했습니다. 블레셋군은 몰려와 싸움을 걸어옵니다. 사무엘은 나타나지를 않습니다. 그러니 어찌되었든 무슨 조치를 취하긴 취해야 했습니다! 하나님은 그에게 선택의 여지가 없이 하나님의 명백한 명령을 거역할 수밖에 없는 듯한 상황 가운데 처하게 하셨던 것입니다.

그러나 사울은 하나님의 분명한 뜻을 불순종했기 때문에 왕국을 잃게 되었습니다(사무엘상 13:13-14). 우리는 어떻습니까? 때때로 진리를 약간 거스를 수밖에 없다든지, 어느 정도 부정직한 행위를 저지를 수밖에 없다고 느낀 적은 없습니까? 우리가 이렇게 생각하고 있다면, 사실상 그것은 곧 하나님께서 우리를 이러한 궁지에 몰아넣어서 우리를 죄의 유혹에 빠지게 하려고 하신다고 여기는 것과 다름없습니다.

권세를 가진 자들 아래 있을 때, 사람들은 특히 이런 종류의 유혹에 넘어지기 쉽습니다. 관리자들은 흔히 자기 아래 있는 사람들에게 부정직하거나 비윤리적인 행위를 강요하곤 합니다. 해군에서 초급 장교로 있을 당시 나는 이런 종류의 유혹에 직면했던 적이 있습니다. 우리 배에서는 각 개인에게 마땅히 지급해야 할 돈을 본인들에게 주지 않고 그 돈으로 전체 직무 수행에 필요한 여러 가지 유용한 물품들을 구입할 때가 있었습니다. 논리인즉슨 '결국은, 이렇게 하나 저렇게 하나, 해군의 것 아니냐'는 것이었습니다. 끝내 나는 나의 해군 생활 경력에 미치게 될 어떠한 위험도 무릅쓰고, 상관에게 나는 그렇게 할 수가 없노라고 말하지 않을 수 없었습니다.

하나님은 거룩하시기 때문에 죄를 미워하십니다. 미워한다는 말은 강력한 색채를 띠고 있어서 그 말은 잘 사용되지 않습니다. 우리는 자녀들이 어느 누구를 미워한다고 말하면, 그래서는 안 된다고 야단을 칩니다. 그렇지만 죄를 향한 하나님의 태도를 표현하고자 할 때는, 미워한다는 말과 같은 강한 색채를 띤 말이 아니고는 그 의미를 충분하게 전달할 수가 없습니다. 이스라엘의 여러 가지 죄를 언급하시면서 하나님께서는 "이 모든 일은 나의 미워하는 것임이라"(스가랴 8:17)라고 말씀하십니다. 미움이란 죄에 직면할 때 생기게 되는 당연한 감정입니다. 사실 우리가 거룩함에 더 자라 갈수록 우리는 더욱더 죄를 미워하게 됩니다. 다윗은, "주의 법도로 인하여 내가 명철케 되었으므로 모든 거짓 행위를 미워하나이다"(시편 119:104)라고 말했습니다. 이처럼 사람도 죄를 미워하였을진대, 하나님은 어떠하시겠는가를 생각해 보십시오. 우리가 거룩해지면 거룩해질수록 죄를 더 미워하는 것과 같이, 지극히 거룩하신 하나님이기에 죄를 지극히 미워하십니다.

우리는 흔히들 하나님께서는 죄를 미워하시지만, 죄인들은 사랑하신다고 말합니다. 이 말은 사실 은혜스러운 말이긴 하지만, 너무나 자주 이 말의 뒷부분만을 강조한 나머지 쉽사리 앞부분이 지닌 말의 의미를 지나쳐 버리게 됩니다. 우리는 하나님께서 우리의 죄를 미워하신다는 사실을 간과해서는 안 됩니다. 우리는 우리의 죄를 사소하게 생각하고 변명할지도 모르겠지만, 하나님은 그것들을 미워하십니다.

따라서 우리가 죄를 지을 때마다 우리는 하나님께서 미워하시는 바를 행하고 있다는 말이 됩니다. 하나님은 우리의 정욕적인 생각, 교만, 시기심, 폭발하는 분노, 결과로써 수단을 정당화시키려고 합리화하는 것 등을 미워하십니다. 우리는 하나님께서 이러한 모든 것들을 미워하신다는 사실을 분명히 알고 있어야 합니다. 자신의 죄에 익숙해지다 보면 어느새 자기도 모르는 사이에 죄와 평화적인 공존 관계를 유지하게 되지만, 명심해 둘 것은 하나님은 계속적으로 그 죄들을 미워하신다는 사실입니다.

하나님이 죄를 미워하시는 것처럼 우리도 죄를 미워하는 마음을 길러야 합니다. 죄란 단지 우리를 불안하게 하는 것이라든가 패배케 하는 것으로서가 아니라, 하나님을 기쁘시게 해 드리지 못하는 것으로서, 어디까지나 죄를 죄로서 미워하는 것이 모든 참된 거룩함의 뿌리를 이루고 있습니다. 우리는 유혹을 받았을 때 다음과 같이 말했던 요셉의 태도를 본받아야 합니다. "내가 어찌 이 큰 악을 행하여 하나님께 득죄하리이까?"(창세기 39:9).

하나님은 성도에게서든 죄인에게서든 누구에게서든 죄가 발견되면 그 죄를 미워하십니다. 하나님은 어떤 사람의 죄는 미워하시고 어떤 사람의 죄는 눈감아 주시고 하시지 않습니다. 하나님은 각 사람의 행위대로 공평하게 판단하십니다(베드로전서 1:17). 실제로 성경에서 보여 주고 있는 예들이 하나님께서는 세상 사람들의 죄보다 오히려 그의 성도들의 죄를 더 엄하게 다스리신다는 것을 가르쳐 주고 있습니다. 다윗은 하나님의 마음에 합한 사람이었습니다(사도행전 13:22). 그러나 그는 우리아에게 죄를 짓고 나서 다음과 같은 벌을 받았습니다. "칼이 네 집에서 영영히 떠나지 아니하리라"(사무엘하 12:10). 수십 년 간에 걸쳐 충성스럽게 하나님을 섬겼음에도 불구하고 단 한 번의 불신행위로 말미암아 모세는 가나안 땅에 들어갈 수가 없었습니다. 요나는 불순종했기 때문에 사흘 밤낮을 큰 물고기의 배 속에 들어가 무시무시한 감옥 생활을 맛보며 하나님의 명령으로부터는 도망칠 수가 없음을 배워야 했습니다.

우리는 언제나, 나중에 자백하고 용서를 구할 수 있다는 생각에 빠져서 마음을 속이고 유혹에 휘말려 들기도 합니다. 그러한 생각은 대단히 위험합니다. 하나님의 심판에는 결코 불공평함이 없습니다. 하나님께서는 결코 우리의 죄를 간과하시지 않습니다. 그 죄가 아무리 사소한 것이라 해도 미워하시지 않는 일이 없습니다. 하나님은 죄가 언제 어디서 발견되든지 그것을 심히 미워하십니다.

하나님의 거룩하심과 죄를 미워하심에 대해서 늘 묵상하는 것은 우리로 하여금 죄를 사소하게 여기지 못하게 해 주는 강력한 억제력이 됩니다. 우리는 "너희의 나그네로 있을 때를 두려움으로 지내라"(베드로전서 1:17)라는 말씀을 듣습니다. 물론 예수 그리스도를 통해서 나타난 하나님의 사랑이 거룩함에 이르고자 하는 우리의 첫 번째 동기가 되어야 합니다. 그러나 하나님께서 죄를 미워하시고 그 죄를 심판하신다는 사실로부터 유발된 동기도 역시 성서적입니다.

하나님의 거룩함에 대한 수준은 지극히 높고 완전합니다. 그럼에도 불구하고 하나님께서는 우리에게 이러한 수준을 요구하십니다. 하나님께서 그 수준을 낮추신다는 것은 있을 수 없는 일입니다. 오직 그리스도의 공로로 말미암아 하나님께서 우리를 받으시는 것은 사실이지만, 우리의 성품, 태도, 성정, 행위에 대해, 하나님께서는 "내가 거룩하니 너희도 거룩할지어다"라고 하는 수준을 요구하십니다. 거룩함에 자라 가려면 우리는 이 사실을 진지하게 받아들여야 합니다.

3
선택의 여지가 없는 거룩함

> 모든 사람으로 더불어 화평함과 거룩함을 좇으라.
> 이것이 없이는 아무도 주를 보지 못하리라.
> 히브리서 12:14

"이것이 없이는 아무도 주를 보지 못하리라"라는 말씀의 실제 의미는 무엇일까요? 결국 우리의 구원 문제는 각 개인이 도달한 거룩함의 수준과 어느 정도 상관관계가 있다는 말입니까?

이 점에 관해서 성경은 두 가지 사실을 분명히 밝히고 있습니다. 첫째로, 아무리 훌륭한 그리스도인일지라도 그 자신의 거룩함을 통해서 구원을 얻을 수는 없습니다. 하나님의 거룩한 법에 비추어 볼 때, 우리의 의는 다 더러운 옷 같습니다(이사야 64:6). 우리의 가장 훌륭한 선행까지도 우리의 허물과 죄로 녹슬고 오염되어 있습니다. 수 세기 전에 살았던 한 성도는 이것을 가리켜 다음과 같이 말했습니다. "우리가 흘리는 참회의 눈물마저도 어린양의 피로 씻김을 받아야 할 필요가 있다." 둘째로, 성경은 그리스도께서 우리를 위하여 순종을 하시고 의를 이루셨다고 거듭 밝히고 있습니다. "한 사람의 순종치 아니함으로 많은 사람이 죄인 된 것같이 한 사람의 순종하심으로 많은 사람이 의인이 되리라"(로마서 5:19). "그리스도께서도 한 번 죄를 위하여 죽으사 의인으로서 불의한 자를 대신하셨으니, 이는 우리를 하나님 앞으로 인도하려 하심이라"(베드로전서 3:18). 이 두 구절의 말씀은 우리를 위하여 그리스도께서 행하신 사역의 양면성을 가르쳐 줍니다. 그것은 곧 그리스도께서 능동적으로뿐만 아니라 수동적으로도 순종하셨다는 말입니다.

능동적으로 순종하셨다는 말은 이 땅에서 아무런 죄도 짓지 않고 온전히 순종하며 절대적으로 거룩한 삶을 사셨다는 것을 의미합니다. 이 완전한 삶이 주님을 믿는 사람들에게 구원의 근거가 됩니다. 수동적으로 순종하셨다는 말은 십자가에 달려 죽으심으로 우리가 죄 때문에 받아야 할 형벌을 대신 받으시고 우리를 하나님의 진노에서 옮기셨다는 것을 의미합니다. 히브리서 10:5-9에서는 그리스도께서 아버지의 뜻을 행하려 이 땅에 오셨다고 기록되어 있으며, 이어서 10절에는 이렇게 기록되어 있습니다. "이 뜻을 좇아 예수 그리스도의 몸을 단번에 드리심으로 말미암아 우리가 거룩함을 얻었노라." 이처럼 하나님 앞에서 우리의 거룩함은 하나님의 뜻에 따라 예수 그리스도께서 우리를 위해 해 주신 일에 전적으로 달려 있습니다.

그렇다면 히브리서 12:14에서 말하고 있는 내용은 바로 이런 거룩함을 의미하고 있습니까? 아닙니다. 여기서 말하고 있는 거룩함이란 우리 모두가 추구해야 하며, "모든 노력을 경주해서 이루어야 할 거룩함"을 뜻합니다. 바로 이러한 거룩함이 없이는 아무도 주님을 보지 못할 것이라는 말입니다.

성경은 그리스도 안에서 우리가 소유하게 된 거룩함과 또 우리가 계속해서 추구해 나가야 할 거룩함을 다 언급하고 있습니다. 거룩함의 이러한 양면은 서로를 보완하고 있는데, 그것은 하나님께서 우리도 거룩한 삶을 살게 되도록 하기 위하여 우리를 구원하셨기 때문입니다. "하나님이 우리를 부르심은 부정케 하심이 아니요, 거룩케 하심이니"(데살로니가전서 4:7). 바울은 고린도 교회에 이렇게 썼습니다. "고린도에 있는 하나님의 교회, 곧 그리스도 예수 안에서 거룩하여지고 성도라 부르심을 입은 자들과…"(고린도전서 1:2). 이 말씀을 통해 우리의 위치는 하나님 앞에서 그리스도로 말미암아 거룩하여졌고, 또 일상생활에 있어서도 거룩하게 살라는 부르심을 받았다는 것을 알 수 있습니다.

그래서 히브리서 기자는 우리에게 개인적이고 실제적인 거룩함의 필요성을 진지하게 받아들이라고 말하고 있습니다. 우리가 구원을 받을 때 성령께서는 우리의 삶 가운데 들어오셔서 실제로 우리를 거룩한 사람으로 만들어 가기 시작하십니다. 만일 우리 마음 가운데 하나님을 기쁘시게 해 드릴 거룩한 삶을 살고자 하는 열망마저도 없다면, 우리는 그리스도 안에 있는 우리의 믿음이 진실한 것인지 심각하게 생각해 봐야 할 필요가 있습니다.

거룩함에 대한 이러한 열망이 처음에는 보잘것없는 불티 같을 수도 있습니다. 그러나 그 불티는 커져서 불꽃이 되어, 전적으로 하나님을 기쁘시게 해 드리는 삶을 살려는 열망을 가지게 됩니다. 그리스도를 통하여 우리를 구원하실 때, 하나님께서는 우리를 죄의 형벌뿐만 아니라 그 지배로부터도 구원해 주셨습니다. 라일 감독은 다음과 같이 말했습니다. "하나님께 드려지지 않고도 회심이 가능하다고 말할 수 있을지 의문입니다. 물론 의심 없이 드려지면 드려질수록, 하나님으로부터 받은 은혜가 더욱 증가되는 것이지만, 그가 회심해서 거듭나던 바로 그날 하나님께 드려지지 않았다면, 과연 그의 회심이 무엇을 의미하는 것일까 하고 다시 생각해 보지 않을 수 없습니다."

하나님께서 우리를 구원하신 목적은 "우리로 그 앞에 거룩하고 흠이 없게"(에베소서 1:4) 하시기 위함입니다. 그리스도인으로서 계속 죄 가운데 사는 삶은 바로 하나님께서 우리를 구원하신 목적에 어긋나는 삶입니다. 3세기 전에 살았던 어떤 사람은 이렇게 말했습니다. "거룩함을 원치 않는 사람들이 바라는 구원이란 도대체 어떤 구원입니까?… 그들은 그리스도로 말미암아 구원받았을지는 모르지만 아직도 육신적인 상태에 머물러 있을 터입니다.… 그들이 죄 사함을 받은 것은, 사랑 안에서 하나님과 동행하기 위해서가 아니라, 단지 형벌에 대한 아무런 두려움 없이 하나님을 거슬러 죄를 짓기 위해서겠지요."

행위로는 구원받을 수 없기 때문에, 거룩함은 구원받기 위한 조건이 아니라, 그리스도 안에서 믿음으로 말미암아 얻게 되는 구원의 한 부분입니다. 천사가 요셉에게 한 말 가운데서도 이 사실을 알 수 있습니다. "아들을 낳으리니 이름을 예수[여호와는 구원이시다]라 하라. 이는 그가 자기 백성을 저희 죄에서 구원할 자이심이라"(마태복음 1:21).

따라서 우리는 거룩함에 이르기 위해서 그리스도를 의뢰하지 못하는 사람은, 구원을 받기 위해서도 그리스도를 의뢰할 수 없다고 말할 수 있을 것입니다. 이 말은 물론 우리가 그리스도를 영접할 당시에 우리에게 거룩함에 대한 의식적인 열망이 있어야 된다는 말은 아닙니다. 그보다는 오히려 우리 안에 구원에 이르는 믿음을 주셨던 성령께서 거룩함에 대한 열망까지 불러일으켜 주시리라는 것을 의미합니다. 성령께서는 우리에게 단지 믿음만 주시는 것은 아닙니다.

바울은 "모든 사람에게 구원을 주시는 하나님의 은혜가 나타나 우리를 양육하시되, 경건치 않은 것과 이 세상 정욕을 다 버리고 근신함과 의로움과 경건함으로 이 세상에 살고, 복스러운 소망과 우리의 크신 하나님 구주 예수 그리스도의 영광이 나타나심을 기다리게 하셨다"(디도서 2:11-12)라고 말했습니다. 우리에게 구원을 주시는 은혜는 또한 우리에게 경건치 못한 삶을 버리라고 가르칩니다. 우리는 하나님의 은혜를 반쪽만 받을 수는 없습니다. 하나님의 은혜를 경험했다면, 죄 사함뿐만 아니라 죄의 지배로부터의 자유도 경험하게 될 것입니다.

야고보서 2:14-26에서, 야고보가 믿음과 행함에 대해서 이야기하고 있는 주제도 바로 이것입니다. 야고보는 행함으로, 달리 말해 거룩한 삶으로 나타나지 아니하는 '믿음'이란 산 믿음이 아니라 죽은 믿음에 불과하며, 귀신들이 가지고 있는 믿음보다도 나을 게 없다고 말하고 있습니다.

하나님의 성품 자체가 그리스도인의 삶에 거룩함을 요구합니다. 하나님께서 우리를 불러 구원해 주신 것은 곧 그분 자신 및 그의 아들 예수 그리스도와 교제케 하기 위해서였습니다(요한일서 1:3). 그러나 하나님은 빛이시며, 그에게는 어두움이라고는 전혀 없습니다(요한일서 1:5). 그렇다면 계속해서 우리가 어두움 가운데 거하고 있으면서 어떻게 그분과 교제를 나눌 수 있겠습니까?

그러므로 하나님과 교제를 나눌 수 있기 위해서는 거룩함이 요구됩니다. 다윗은 "주님! 주님의 장막에 거하며 주님의 거룩한 산에 오를 자가 누구겠습니까?"(시편 15:1 참조)라고 물었습니다. 이것은 곧 "주님, 주님과 교제를 나누며 살 수 있는 사람은 누굽니까?"라고 묻는 말입니다. 그다음 네 구절에 그 답이 나와 있는데, 간단히 요약한다면 "거룩한 삶을 사는 사람"이라고 대답할 수 있을 것입니다.

기도는 하나님과의 교제에 중요한 부분을 차지하고 있습니다. 그런데 시편 기자는 "내가 내 마음에 죄악을 품으면 주께서 듣지 아니하시리라"(시편 66:18)라고 말했습니다. 마음에 죄악을 품는다는 말은 어떤 죄를 쉽게 버릴 수 없을 정도로 좋아한다는 뜻입니다. 죄가 있음을 알면서도 마치 "개가 먼저 날 때렸단 말이야" 하고 우기는 어린애처럼 어떻게 해서든지 그 죄를 합리화시키려고 합니다. 이처럼 우리가 어떤 죄에 빠져 있으면 거룩한 삶을 추구해 나갈 수가 없고 하나님과 교제를 나눌 수도 없게 됩니다.

하나님은 함께 교제를 나누기 위해서 흠이 조금도 없는 완전무결한 삶을 살 것을 요구하시지는 않습니다. 그러나 하나님은 우리가 거룩함에 대해서 진지하게 생각하며, 우리의 삶 가운데 나타나는 죄에 대해서 합리화하지 않고 슬퍼하며, 사는 것 자체가 열심히 거룩함을 추구해 나가는 삶이 될 것을 요구하십니다.

또한 거룩함은 우리의 행복을 위해서도 필수적인 것입니다. 성경은 "주께서 그 사랑하시는 자를 징계하시고 그의 받으시는 아들마다 채찍질하심이니라"(히브리서 12:6)라고 말합니다. 이 말씀은 우리에게 징계가 필요하다는 사실을 전제하고 있습니다. 하나님께서는 우리를 기분 내키는 대로 징계하시지 않습니다. 우리에게 징계가 필요하기 때문에 우리를 징계하시는 것입니다.

계속해서 불순종하려고 하면 징계는 더욱 필요해집니다. 고린도 교인들 가운데는, 계속해서 불순종했기 때문에 부득이 하나님께서 데려가셔야만 했던 사람들도 있었습니다(고린도전서 11:30 참조).

다윗은 주님께 징계를 받을 때의 심정을 이렇게 표현했습니다. "내가 토설치 아니할 때에 종일 신음하므로 내 뼈가 쇠하였도다. 주의 손이 주야로 나를 누르시오니 내 진액이 화하여 여름 가물에 마름같이 되었나이다"(시편 32:3-4).

하나님께서 우리에게 어떤 죄를 지적해 주실 때, 우리는 주의를 기울이고 그것을 해결해야 합니다. 그 죄를 올바르게 다루지 못한다면 주님께서 내리시는 징계를 받게 된다는 사실을 명심하십시오. 얼음이 언 어느 날 아침 출근길에 근무지인 사무실 건물의 차도로 진입하려다가 차가 미끄러져서 그만 귀퉁이 난간을 들이받았습니다. 이전에도 누군가가 똑같은 사고를 냈던 적이 있었는지 그 난간은 이미 구부러져 있었고, 나는 단지 그것을 조금 더 구부러뜨렸을 뿐이었습니다. 하나님께서는 나에게 여러 번 부드럽게 타일러 주셨지만 나는 관리 책임자에게 사실을 알리지도 않고 그냥 지냈습니다. 2주 후에 나는 작은 것이긴 하지만 또 다른 사고를 냈습니다. 15년 동안 한 번도 사고가 없었다는 것을 생각해 볼 때, 이 사고는 하나님께서 나의 주의를 돌리려고 일부러 허락하신 것임을 알아차렸습니다. 그래서 관리 책임자에게 전화를 걸어 내가 냈던 첫 사고에 대해서 알리고 난간을 새로 설치할 수 있도록 변상을 하겠노라고 말했습니다. 우리는 베드로가 말한 대로 "외모로 보시지 않고 각 사람의 행위대로 판단하시는 자를 너희가 아버지라 부른즉, 너희의 나그네로 있을 때를 두려움으로 지내라"(베드로전서 1:17)라는 말씀에 주의를 기울여야 합니다. 하나님은 그의 백성들이 거룩한 삶을 살도록 하시는 데 큰 관심을 갖고 계시며 그들이 그런 수준에 이를 수 있도록 연단하십니다.

거룩함은 또한 효과적으로 하나님을 섬기는 데에도 필요합니다. 바울은 디모데에게 보내는 서신에서 "누구든지 이런 것[깨끗하지 못한 것]에서 자기를 깨끗하게 하면, 귀히 쓰는 그릇이 되어 거룩하고 주인의 쓰심에 합당하며 모든 선한 일에 예비함이 되리라"(디모데후서 2:21)라고 했습니다. 거룩함과 쓰임을 받는 것 사이에는 상관관계가 있습니다. 우리는 깨끗하지 못한 그릇으로 주님을 섬길 수는 없습니다.

우리의 섬김을 효과적으로 만들며 우리에게 섬길 수 있는 능력을 주시는 분은 성령이십니다. 성령은 거룩하신 영이란 뜻임을 유의하십시오. 우리가 죄에 빠져 거룩함 가운데 거하지 못할 때, 하나님의 영은 근심하시게 되며(에베소서 4:30), 우리의 섬김을 축복하시지 않습니다. 이것은 우리가 유혹에 잠깐 빠졌다가도 즉시 하나님께 자백하고 용서하심과 깨끗게 하심을 구하는 순간순간의 때를 말하는 것이 아니라, 지속적으로 거룩하지 못한 가운데 거하는 삶을 말합니다.

거룩함은 또한, 처음으로 구원을 깨닫는 순간이 아니라 인생을 살아가는 가운데, 우리에게 주어진 구원을 확신하는 데에도 필요합니다. 참된 믿음은 언제나 그 열매를 맺습니다. "그런즉 누구든지 그리스도 안에 있으면 새로운 피조물이라"(고린도후서 5:17).

그리스도인이 된 지 얼마 안 된 청년에게 일어났던 일이 기억납니다. 그는 자기 아버지를 몇 년 간이나 만나 뵙지 못하고 있었는데, 그리스도인이 된 이후에도 만나 뵙지 못했습니다. 그러던 차에 아버지가 그를 찾아오셨습니다. 그는 자기가 새롭게 가지게 된 믿음을 아버지께 나눌 수 있게 되기를 간절히 원했고, 그가 효과적으로 증거할 수 있도록 우리도 함께 기도했습니다.

며칠이 지난 후 나는 그에게 전도를 잘했느냐고 물어 보았습니다. 그랬더니 그의 아버지는 열 살 나던 해, 어느 전도 집회에서 그리스도를 자신의 구주로 모셔 들인 적이 있다고 주장하더라는 것이었습니다. 그래서 나는 그 청년에게, "지금까지 자라 오는 동안 아버지에게서 그리스도인이라고 할 만한 증거를 전혀 보지 못했단 말이오?"라고 물었습니다. 그는 그렇다고 대답했습니다. 무엇을 근거로 그 사람이 구원을 받았다고 할 수 있겠습니까? 그의 나이 벌써 육십이 가까웠는데 그동안 그의 아들조차도 그가 그리스도인이라는 사실을 모를 정도로 아무런 간증도 없이 살아왔던 것입니다.

우리가 그리스도 안에 있음을 보여 주는 확실한 증거는 거룩한 삶입니다. 요한은 그리스도 안에서 영원한 삶에 대한 소망을 가진 자마다 그의 깨끗하심과 같이 자기를 깨끗하게 한다고 말했습니다(요한일서 3:3).

또 바울은 "하나님의 영으로 인도함을 받는 그들은 곧 하나님의 아들이라"(로마서 8:14)라고 말했습니다. 비록 입술로는 그리스도인이라고 떠들 수 있을지는 모르지만, 우리가 계속 거룩함과 무관한 삶을 살고 있다면 우리 안에는 성령이 거하시지 않습니다.

따라서 그리스도인임을 자처하는 사람이라면 누구나 스스로 다음과 같이 질문해 보아야 합니다. "내게는 실제로 거룩한 삶의 흔적이 있는가? 나는 거룩함을 열망하며 거룩한 삶을 추구해 나가고 있는가? 나는 거룩한 삶을 살지 못할 때 그것을 슬퍼하며, 거룩한 삶을 살 수 있도록 하나님께서 도와주시기를 간절히 구하며 찾고 있는가?"

하늘나라에 들어갈 사람들은 그리스도를 아노라고 큰소리치는 사람들이 아니라 하나님의 뜻에 순종하여 거룩한 삶을 사는 사람들입니다. 하나님의 뜻을 따라 행하지 않는다면 '기독교에 위대한 업적을 남긴' 사람이라 할지라도 하늘나라에 들어갈 수 없을 것입니다. 예수님은 이렇게 말씀하셨습니다. "나더러 '주여, 주여' 하는 자마다 천국에 다 들어갈 것이 아니요, 다만 하늘에 계신 내 아버지의 뜻대로 행하는 자라야 들어가리라. 그날에 많은 사람이 나더러 이르되, '주여, 주여, 우리가 주의 이름으로 선지자 노릇 하며, 주의 이름으로 귀신을 쫓아내며, 주의 이름으로 많은 권능을 행치 아니하였나이까?' 하리니 그때에 내가 저희에게 밝히 말하되 '내가 너희를 도무지 알지 못하니 불법을 행하는 자들아, 내게서 떠나가라' 하리라"(마태복음 7:21-23).

4
그리스도의 거룩하심

하나님이 죄를 알지도 못하신 자로
우리를 대신하여 죄를 삼으신 것은
우리로 하여금 저의 안에서
하나님의 의가 되게 하려 하심이니라.
고린도후서 5:21

우리 자신의 거룩함에 대해서 더 언급하기에 앞서, 그리스도의 거룩하심에 대해서도 생각해 보는 것이 좋을 것입니다. 이것은 다른 무엇보다도 그리스도 안에서 우리의 안전에 대한 토대를 확고히 다지기 위해서 필요합니다. "내가 거룩하니 너희도 거룩할지어다"라는 말씀의 의미를 깊이 연구해 보면 볼수록, 우리는 우리 자신의 죄를 더욱 많이 깨닫게 됩니다. 우리는 우리 마음의 완악함과 사악함을 보게 될 것이며 우리가 하나님의 완전한 거룩하심으로부터 얼마나 멀리 벗어나 있는지를 깨닫게 될 것입니다. 이렇게 되면 참된 그리스도인은 그리스도 안에서 그 마음의 피난처를 찾습니다. 그러므로 우리가 그리스도의 의로우심과 또 그의 의로우심이 우리의 의가 된다는 사실을 올바로 이해하는 것은 중요합니다.

성경에는 예수님이 이 땅에서 완전한 거룩한 삶을 사셨음을 증거하고 있는 말씀들이 수없이 많습니다. "죄는 없으시니라"(히브리서 4:15), "저는 죄를 범치 아니하시고"(베드로전서 2:22), "죄를 알지도 못하신 자"(고린도후서 5:21), "그에게는 죄가 없느니라"(요한일서 3:5). 구약성경에서는 그를 가리켜 예언하기를, "의로운 종"(이사야 53:11), "정의를 사랑하고 악을 미워하시니"(시편 45:7)라고 했습니다. 이 서로 다른 6명의 성경 저자들이 기록한 말씀만 살펴봐도 예수 그리스도께 죄가 없으시다는 사실은 성경의 보편적인 가르침임을 알 수 있습니다.

예수님 자신의 말씀은 이보다도 훨씬 강력한 증거를 보여 주고 있습니다. 한번은 예수님께서 바리새인들을 똑바로 바라보시며 "너희 중에 누가 나를 죄로 책잡겠느냐?"(요한복음 8:46)라고 도전하셨습니다. 누군가가 지적했듯이 중요한 것은 그들이 예수님의 질문에 아무 대답을 할 수 없었다는 데 있지 않고, 예수님께서 이러한 질문을 담대하게 하실 수 있었다는 데 있습니다. 예수님은 그를 미워하는 자들과 정면으로 대결하고 계셨습니다. 예수님은 그들이 그들의 아비 마귀에게서 났으며 따라서 마귀의 뜻을 행하기를 원한다고 이제 막 말씀하셨던 것입니다. 그러므로 만일 그에게서 어떤 부주의한 행실을 보았다든지 성품 가운데서 흠을 들추어 낼 만한 것이 있었다면 충분히 그렇게 하고도 남음이 있었을 것입니다. 더구나 예수님은 제자들이 보는 앞에서 이 질문을 하셨기 때문에, 제자들이라면 계속해서 그와 함께 생활을 해 온 사람들이라, 만일 예수님께 죄가 있었다면 충분히 발견하고도 남음이 있었을 것입니다. 그분께는 죄가 없다는 한 가지 대답밖에 할 수가 없다는 사실을 아셨기 때문에 예수님은 담대하게 이 질문을 던지실 수 있었던 것입니다.

그러나 예수님의 거룩하심은 단순히 죄가 없다는 정도에 그치는 것이 아니라, 아버지 하나님의 뜻에 온전히 일치하는 것을 의미하는 것입니다. 예수님은 자신이 하늘로부터 내려오신 것도 "내 뜻을 행하려 함이 아니요, 나를 보내신 이의 뜻을 행하려 함"(요한복음 6:38-39상)이라고 말씀하셨으며, "나의 양식은 나를 보내신 이의 뜻을 행하는 것"(요한복음 4:34상)이라는 말씀도 하셨습니다. 아마도 예수님의 적극적인 거룩함을 나타내 주는 가장 좋은 말씀은 "내가 항상 그의 기뻐하시는 일을 행하므로"(요한복음 8:29)라는 말씀일 것입니다.

이 말씀 안에는 행위뿐만 아니라 태도와 동기에 있어서도 하나님을 기쁘시게 했다는 의미가 내포되어 있습니다. 우리는 그릇된 동기를 가지고도 올바른 행위를 할 수 있지만, 이러한 행위는 하나님을 기쁘시게 해 드리지 못합니다. 거룩하다는 것은 단지 행위에만 관계된 문제가 아닙니다. 우리의 동기도 또한 거룩해야 합니다. 즉, 무엇을 하든지 그것이 단순히 하나님의 뜻이기 때문에 하려는 것이 동기가 되어야 합니다. 우리의 생각이 마음속에 자리 잡기 전부터 하나님은 그것을 알고 계시기 때문에, 우리의 생각이 또한 거룩해야 합니다. 예수 그리스도는 이 수준들을 완전하게 만족시키셨으며, 우리를 위해 그렇게 해 주셨습니다. 하나님의 율법 아래 있는 세상에 태어나심은 우리를 대신해서 그 율법을 만족시키시기 위함이었습니다(갈라디아서 4:4-5).

하나님의 거룩하심을 깊이 묵상할 때마다, 우리에게 나타나는 자연적인 반응은 이사야 선지자가 한 말과 같습니다. "화로다 나여, 망하게 되었도다. 나는 입술이 부정한 사람이요, 입술이 부정한 백성 중에 거하면서 만군의 여호와이신 왕을 뵈었음이로다"(이사야 6:5).

도덕적으로 완전하시고 죄를 철저히 미워하시는 하나님의 거룩하신 모습을 바라볼 때, 우리도 이사야와 마찬가지로 누더기와 같은 우리의 모습으로 인해 어찌할 바를 모르게 될 것입니다. 그분의 도덕적 순결은 우리의 더러움을 더욱 크게 드러냅니다.

따라서 우리도 이사야가 얻은 것과 같은 확신을 얻는 것이 중요합니다. "보라, 이것이 네 입에 닿았으니 네 악이 제하여졌고 네 죄가 사하여 졌느니라"(이사야 6:7). 이와 같은 확신은 구원받은 초기에만 필요한 게 아닙니다. 사실상 우리가 거룩함에 자라 갈수록, 그리스도의 완전하신 의로움이 우리의 의가 된다는 확신이 더욱 필요하게 되는 것입니다. 거룩함에 자라 간다는 말 속에는 성령께서 우리에게 거룩함이 필요하다는 것을 깨닫게 해 주신다는 의미도 들어 있기 때문에 이것은 사실입니다. 이러한 거룩함의 필요성을 알고 있다면, 우리는 우리를 위한 예수 그리스도의 의로우심과 다음 사실을 늘 마음에 두고 있어야 하겠습니다. "하나님이 죄를 알지도 못하신 자로 우리를 대신하여 죄를 삼으신 것은, 우리로 하여금 저의 안에서 하나님의 의가 되게 하려 하심이니라"(고린도후서 5:21).

그리스도의 의로우심으로 말미암아, 하나님께서 우리를 용납하신다는 사실은 너무나 기본적인 진리인데, 여기에서 그것을 강조하고 있는 까닭은 무엇일까 하고 의아하게 생각할지도 모르겠습니다. 그 이유는 사탄의 공격을 막으려면 그 사실을 깊이 생각해 봐야 할 필요가 있기 때문입니다. 성령은 우리의 거룩하지 못한 모습을 더 많이 깨닫게 해 주심으로써 우리로 하여금 더욱 크게 탄식하며 거룩함을 추구하도록 고무시켜 주십니다. 그러나 사탄은 이와 같은 성령의 역사하심을 역이용하여 우리를 실망시키려고 합니다.

사탄의 공격 중에는 당신을 부추겨 자신이 결국은 진정한 그리스도인이 아니라고 생각하도록 만들려는 것도 있습니다. 그는 이렇게 말합니다. "만일 네가 참된 그리스도인이라면, 네가 오늘 생각했던 것과 같은 악한 생각은 결코 하지 않았을 것이다." 예수님을 믿기 전에는 이런 생각이 당신에게는 전혀 문제 될 게 없었기 때문에 사탄은 이런 문제를 가지고 당신을 괴롭히려 들지 않았을 것입니다. 그러나 이제는 성령께서 탐욕적이고 거만하며 분이 가득 찬 당신의 생각들이 실제로는 얼마나 잘못된 것인가를 보여 주기 시작하셨기 때문에, 당신은 자신의 구원을 의심하기 시작할지도 모릅니다.

수년 전 하나님께서는 내게 몇 차례의 깊은 내적 갈등을 겪게 하심으로써 내 마음속에 있는 죄악들을 지적해 주셨습니다. 그 당시 나는 내가 살고 있던 곳으로부터 차로 한 시간 정도 가야 하는 곳에 있는 군 기지에서 매주 성경공부를 인도하고 있었습니다. 매주 월요일 밤, 그 성경공부를 마치고 혼자서 차를 몰고 집으로 돌아오는 길이면, 사탄은 내게 "그런 문제로 갈등하고 있는 너 같은 사람을 어떻게 그리스도인이라고 할 수 있겠느냐?"라고 속삭이며 공격해 오곤 했습니다. 그럴 때면 나는 다음과 같은 가사로 시작되는 찬송가로 그를 대항했습니다.

    큰 죄에 빠진 날 위해 주 보혈 흘려 주시고
    또 나를 오라 하시니 주께로 거저 갑니다.

나는 그 찬송가를 끝 절까지 계속해서 불렀으며, 그 찬송을 마치고 나면 예수 그리스도로 말미암아 값없이 나를 구원해 주신 하나님을 찬양하곤 했습니다.

부지런히 거룩함을 추구해 나가려면, 당신도 당신의 구원의 '바위'에 자주 몸을 피해야 합니다. 다시 구원받기 위해서가 아니라, 오직 그분의 의로우심을 통하여 구원받았다는 것을 마음에 확정하기 위해서 그분께 피하는 것입니다. 당신은 다음과 같이 말한 바울과 같은 심정을 갖게 될 것입니다. "미쁘다, 모든 사람이 받을 만한 이 말이여. 그리스도 예수께서 죄인을 구원하시려고 세상에 임하셨다 하였도다. 죄인 중에 내가 괴수니라"(디모데전서 1:15). 당신을 위해서 사셨던 그리스도의 거룩한 삶이 당신에게 그처럼 중요하게 된 이유는 바로 이 점에 있습니다.

그리스도의 거룩하심을 깊이 생각해 보아야 할 필요가 있는 두 번째 이유는 그분의 삶이 우리에게 거룩한 삶의 본이 되기 때문입니다. 베드로는 우리가 그 자취를 따를 수 있도록 그리스도께서 우리에게 본을 끼쳐 주셨다고 말했습니다(베드로전서 2:21). 베드로는 여기에서 특별히 그리스도께서 고난을 받으시되 아무런 보복도 하지 않으셨다는 사실을 언급하고 있지만, 또한 그리스도께서는 아무 죄도 없으시다고 말합니다(베드로전서 2:22-23). 바울은 우리에게 하나님을 본받는 자가 되라고 촉구하며(에베소서 5:1), "내가 그리스도를 본받는 자 된 것같이 너희는 나를 본받는 자 되라"(고린도전서 11:1)라고 말했습니다.

그렇다면 예수 그리스도께서 사셨던 흠 없고 거룩한 삶은 우리가 따라야 할 본이 된다는 것은 분명한 사실입니다. "내가 항상 그의 기뻐하시는 일을 행하므로"라고 하신 그분의 말씀을 생각해 보십시오. 여러분은 삶의 목표를 그렇게 과감히 잡고 있습니까? 여러분은 모든 행위, 목표, 계획, 순간적인 행동들이 "하나님을 기쁘시게 해 드리기 위해서 한다"라는 전제 아래 이루어지기를 진정으로 원하십니까?

그 질문에 맞닥뜨리면, 솔직히 말해 우리는 약간 주춤할 것입니다. 일 자체는 선하다 하더라도 하나님의 영광을 위해서 하기보다는 우리 자신이 찬사를 받고 싶어서 하는 경우가 있다는 것을 스스로도 알고 있습니다. 또 어떤 일들에서는, 하나님의 영광은 별로 개의치 않고 엄밀히 말하면 우리 자신의 기쁨만을 추구합니다.

이웃집 개구쟁이 녀석이 당신의 어린 아들을 못살게 굴 때, 당신은 어떤 반응을 보입니까? 나의 첫 반응은 대개 그 녀석을 혼내 주고 싶어 하는 마음부터 생깁니다. 그렇지만 성령께서는 곧 예수님께서 보여 주셨던 본을 상기시켜 주십시다. 우리에게 사랑으로 대해 주지 않는 사람들을 우리는 어떤 시야를 가지고 바라봅니까? 그들을 위해, 예수님께서 피 흘려 주신 사람으로 봅니까, 아니면 우리를 괴롭게 하는 사람으로 봅니까?

나는 한번 사업 관계로 만났던 어떤 사람과의 사이에 불쾌한 일이 있었던 것을 기억하고 있습니다. 그 사람이 나중에 다른 사람의 증거를 통해 그리스도인이 되었다는 소식을 들었을 때, 나는 마음이 무척 아팠습니다. 이 사람에 대해서는 나와의 사이에 기분 좋지 못한 일이 있었던 사람으로만 생각했지, 그리스도께서 그를 위하여 죽으신 사람이라는 생각은 한 번도 해 본 적이 없었기 때문이었습니다. 우리는 그리스도의 본을 따라야 할 필요가 있습니다. 그분은 죄인들을 불쌍히 여기시고 민망히 여기셨으며, 갈보리 십자가 위에서 못 박혀 죽으시면서도 못을 박는 그들을 위해서 기도하셨습니다.

19세기의 스코틀랜드 신학자 존 브라운은 다음과 같은 말을 했습니다. "거룩함이란 신비한 사색이나 물불을 가리지 않는 열정, 또는 말 없는 위엄 가운데 있는 것이 아니라, 하나님께서 생각하시는 것처럼 생각하며, 하나님께서 뜻하시는 대로 좇는 데 있습니다." 또한 거룩함이란 흔히 생각하는 것처럼 해야 할 것들과 하지 말아야 할 것들, 그중에서도 특히 하지 말아야 할 금기 사항에 얽매이는 것을 의미하는 것도 아닙니다. 예수님께서는 이 땅에 오신 목적을 이렇게 말씀하셨습니다. "하나님이여, 보시옵소서. 두루마리 책에 나를 가리켜 기록한 것과 같이 하나님의 뜻을 행하러 왔나이다"(히브리서 10:7). 이것이 바로 우리가 따라야 할 본입니다. 우리의 모든 생각과, 모든 행동과, 모든 성품 하나하나에 있어서까지, 우리에게 동기를 주고 우리를 이끌어 가야 할 주된 원리는 아버지의 뜻을 행하신 그리스도를 따르려는 것이어야 합니다. 이것이 우리가 거룩함을 추구하기 위하여 걸어야 할 가장 고상한 길입니다.

5
변화된 왕국

> 우리가 알거니와, 우리 옛사람이
> 예수와 함께 십자가에 못 박힌 것은, 죄의 몸이 멸하여
> 다시는 우리가 죄에게 종노릇하지 아니하려 함이니,
> 이는 죽은 자가 죄에서 벗어나
> 의롭다 하심을 얻었음이니라.
> 로마서 6:6-7

많은 그리스도인들이 거룩한 삶을 살고 싶어 하는 근본적인 열망을 가지고 있긴 하지만, 그런 삶은 전혀 불가능하다고 믿게 되어 버린 경우가 많습니다. 그들은 어떤 특별한 죄나 성격적인 약점 때문에 오랫동안 갈등해 왔습니다. 죄 가운데 온통 빠져 살지는 않지만 이미 어느 정도는 거룩한 삶을 추구하기 위한 노력을 포기해 버린 채, 하나님께도 그들 자신들에게도 만족이 없는, 도덕적으로 그저 그런 평범한 삶에 안주해 버리고 맙니다. 로마서 6:6-7의 약속이 그들에게는 도무지 상관없는 것처럼 여겨집니다. 계속해서 거룩한 삶을 추구해 나가라는 성경의 강한 명령은 그들에게 좌절감을 줄 뿐입니다.

많은 사람들은 자신의 의지로 거룩한 삶을 살려고 노력해 왔고, 또 어떤 사람들은 오직 믿음으로만 그것을 성취하려고 노력해 왔습니다. 많은 사람들이 특정한 죄 때문에 열심히 기도도 해 왔지만 아무런 성과

도 얻지 못한 것 같습니다. '승리의 삶'에 대한 '비결'을 제시해 주려는 의도에서 쓴 수많은 책들이 나오기도 했습니다.

우리의 죄 문제에 대한 해결책을 찾는 과정에는 꽤 까다로운 의문이 일어납니다. "내가 하나님께 의뢰해야 될 것은 무엇이며, 또 나 자신이 책임져야 할 것은 무엇인가?" 이 점에 대해서 많은 사람들이 혼동을 하고 있습니다. 그리스도인이 되어 생활을 하기 시작할 때, 우리는 성경에서 하나님의 뜻을 찾아 그 뜻대로 행하기는 별로 어렵지 않은 간단한 문제일 거라고 자신 있게 단정을 해 버립니다. 이것은 우리가 여전히 죄의 습관을 버리지 못하고 죄에 얽매이는 습성이 있다는 사실을 고려하지 않았기 때문입니다.

죄의 습성과의 싸움에서 번번이 실패한 후, 우리는 육의 힘을 좇아 그리스도인의 삶을 살려고 노력해 왔다는 말을 듣습니다. 우리에게는 "수고를 멈추고 의뢰하며", "놓아두고 하나님께 맡기는" 태도가 필요합니다. 죄의 문제를 그리스도께 가지고 나아가 갈보리에서 이루어 주신 그분의 공로 안에서 쉼을 누릴 때, 주님은 우리 안에서 자신의 삶을 살며, 우리는 죄에 대하여 승리하는 삶을 살 수 있게 되는 것입니다.

죄 문제로 인해 이미 여러 차례 실패와 좌절을 경험해 왔기 때문에, 우리는 하나님께서 이미 죄의 문제를 해결해 주셨고 이제는 그리스도께서 이루어 주신 사역 안에서 쉬기만 하면 된다는 말을 들을 때 마음이 기쁩니다. 우리가 지은 죄와의 갈등으로 인하여 절망의 순간에까지 도달했을 때 듣게 된 이런 소식은 마치 물에 빠져 가는 사람에게 던져진 생명줄과 같으며 생전 처음 듣는 복음과도 같이 여겨집니다.

그러나 그것도 잠깐, 솔직히 말해 얼마 후면 자기가 여전히 죄의 손아귀에서 벗어나지 못하고 있다는 것을 알게 됩니다. 우리에게 주어진 승리에 대한 약속은 여전히 우리를 교묘하게 피하고 있는 것 같습니다.

우리는 여전히 교만, 질투, 물욕, 성급함, 정욕 등과 싸우고 있습니다. 또한 우리는 여전히 과식하거나, 시간을 낭비하고, 서로를 비판하고, 진실을 조금씩 왜곡하며, 여러 가지 죄악들에 탐닉하면서, 이러한 것들을 행하고 있는 자신을 미워하고 있습니다.

그러고는 무엇이 잘못된 것인지를 몰라 의아해합니다. "책을 보면 다른 사람들은 승리하는 삶을 살고 있는 것 같은데, 나는 왜 그러한 승리를 경험하지 못하고 있을까?" 자신은 원래 뭔가 잘못되어 있다거나, 다른 사람들보다 더 지독한 죄의 습성을 가지고 있다고 생각하여 자포자기하게 됩니다.

몇 년 전, 한 그리스도인 친구가 주의하라고 들려준 말이 있습니다. 사탄은 하나님께서 우리를 위해서 해 주신 것과 우리가 해야 될 것들을 혼동시키려 한다는 것이었습니다. 나는 그의 말 속에 들어 있는 깊은 뜻을 이해하게 되었습니다. 이 문제를 바로 이해하지 못하면 거룩함을 추구해 나가는 데 커다란 혼란이 야기됩니다. 그러므로 그 차이를 바로 이해하는 것은 대단히 중요합니다. 하나님은 우리가 거룩한 삶을 사는 데 필요한 모든 것들을 공급해 주셨지만, 동시에 우리가 수행해야 할 분명한 책임도 주셨기 때문입니다.

먼저 하나님께서 우리에게 베풀어 주신 것들을 살펴보기로 합시다. 성경은 다음과 같이 말합니다. "그러므로 너희는 죄로 너희 죽을 몸에 왕 노릇 하지 못하게 하여 몸의 사욕을 순종치 말고"(로마서 6:12). 이 구절에서 우리가 주목해야 할 첫 번째 사실은 거룩함을 추구하는 것(죄로 우리 죽을 몸에 왕 노릇 하지 못하게 하는 것)은 우리가 해야 될 일이라는 것입니다. 바울의 말은 일종의 권면과도 같습니다. 그는 우리의 의지에 호소하고 있습니다. '죄로 왕 노릇 하지 못하게 하라'는 말은 이 일이 우리의 책임이라는 것을 의미합니다. 거룩함은 의로움과는 달리 우리가 저저 받는 선물이 아닙니다. 거룩함은 우리가 힘써 추구해 나가야 되는 것입니다.

바울의 권면에서 우리가 주목해야 할 두 번째 사실은 그의 첫마디 말에서 이끌어 낼 수 있습니다. 그러므로란 말을 주의해 보십시오. 그가 말하고자 했던 의미는 틀림없이 다음과 같을 것입니다. "내가 지금까지 말해 왔던 바로 보건대, 너희는 죄로 너희 죽을 몸에 왕 노릇 하지 못하게 하라." 달리 말하면, 앞의 사실들이 진리인 까닭에 우리는 거룩함을 추구해야 한다는 것입니다.

앞의 사실들이란 무엇입니까?

로마서 6장을 살펴보기로 합니다. "은혜를 더하게 하려고 죄에 거하겠느냐?"라는 질문에 답해서 바울은 "우리는 죄에 대하여 죽었다. 그런데 우리가 어찌 더 이상 죄에 거하겠는가?"(1-2절)라고 말합니다. 그리고 나서 그는 권면의 말씀을 계속 이어 나갔습니다(3-11절). 그러므로(12절)란 말은 우리가 죄에 대하여 죽었다는 사실을 소급해서 말하고 있습니다. 죄에 대하여 죽었기 때문에 우리는 죄로 우리 죽을 몸에 왕 노릇 하지 못하게 해야 하는 것입니다.

12절의 권면을 따르고자 한다면, 먼저 바울이 어떤 뜻으로 '우리가 죄에 대하여 죽었다'고 말했는지를 이해하는 것이 무엇보다도 중요한 일입니다. 이 말씀을 읽을 때에 주목하게 되는 첫 번째 사실은, 우리가 죄에 대하여 죽은 것은 우리가 그리스도와 연합하게 된 결과라는 것입니다(2-11절). 그분이 죄에 대하여 죽었기 때문에 우리도 죄에 대하여 죽었습니다. 따라서 우리가 죄에 대하여 죽은 것은 우리 행위의 결과가 아니요 그리스도께서 이루어 주신 사역의 결과로서 그와 연합한 모든 자에게 그 효력이 미칩니다.

두 번째로 살펴볼 수 있는 것은, 우리가 죄에 대하여 죽은 것은 우리가 그것을 깨닫든 깨닫지 못하든 사실이라는 것입니다. 그리스도께서 죄에 대하여 죽었기 때문에, 그와 연합한 모든 사람들 또한 죄에 대하여 죽은 것입니다. 우리가 죄에 대하여 죽었다는 것은 우리가 그렇게 될 것으로 간주한다고 해서 우리의 행위 자체가 실제로 그렇게 된다는 말은 아닙니다. 그런데 이것을 잘못 이해하고 있는 사람들도 있습니다. 죄에 대하여 죽는다는 것을, 어쩐 일인지 우리에게 영향을 미치는 죄의 세력권으로부터 벗어난다는 의미로 생각해 왔습니다. 그러나 일상생활 가운데서 이것을 경험하려면 우리 자신을 죄에 대하여는 죽은 자로 여겨야만 된다고 성경은 말합니다(11절). 이어서 성경은 우리에게 끊임없이 붙어 다니는 죄로부터 승리하지 못하는 까닭은 우리가 죄에 대하여 죽었다는 것을 사실로 여기지 않기 때문이라고 말합니다.

우리는 진실로 우리 자신을 죄에 대하여는 죽은 자로 여겨야만(계산하거나 간주해야만) 합니다. 그렇지만 우리가 그렇게 여긴다고만 해서, 심지어는 이렇게 함으로써 승리를 경험했다 해서 그것이 실현된 것은 아닙니다. 11절과 12절은 함께 생각해야 합니다. 우리는 그리스도와 연합됨으로 말미암아 죄에 대하여 죽었기 때문에, 죄가 우리의 죽을 몸에 왕 노릇 하지 못하게 해야 하는 것입니다. 우리가 매일 죄에 대하여 경험하는 갈등은 우리가 죄에 대하여 죽었다고 여겨야 하는 갈등이 아니라, 죄가 우리 몸을 지배하도록 허용하느냐 허용하지 않느냐 하는 의지의 갈등입니다. 그러나 우리가 죄에 대하여 죽었다는 사실이 우리의 의지를 좌우할 수 있도록 해야 합니다.

그러면 바울이 죄에 대하여 죽었다고 말한 의미는 무엇입니까? 그것은 곧 우리가 죄의 지배, 즉 죄의 통치에 대해서 죽었다는 뜻입니다. 그리스도를 믿고 구원받기 전에는 우리가 사탄과 죄의 왕국에 속해 있었습니다. 우리는 "이 세상 풍속을 좇고 공중의 권세 잡은 자를 따랐습니다"(에베소서 2:2). 우리는 사탄의 권세 아래 있었으며(사도행전 26:18), 흑암의 권세 아래 있었습니다(골로새서 1:13). 우리는 죄의 종들이었습니다(로마서 6:17). 우리는 죄와 죽음의 왕국에 태어났던 것입니다. 성 육신하신 하나님의 아들만을 제외하고는 아담 이래로 모든 사람들이 죄와 사탄의 왕국에 종으로 태어났습니다.

그러나 그리스도와 연합함으로 말미암아 우리는 이 죄의 왕국에 대하여 죽었습니다. 우리는 죄로부터 자유를 얻게 되었으며(로마서 6:18), 흑암의 권세에서 구출되었고(골로새서 1:13), 사탄의 권세에서 하나님께로 돌아오게 되었습니다(사도행전 26:18). 구원받기 전에는 죄의 사슬에 매여 죄의 지배 아래 있었습니다. 우리가 얼마나 점잖고 도덕적이었든 간에, 우리는 죄의 왕국에서 살고 있었습니다. 그러나 이제는 죄에 대하여 죽으신 그리스도와 연합됨으로 말미암아 우리는 죄의 왕국에서 구출되어 의의 왕국으로 옮겨지게 된 것입니다.

우리가 죄에 대하여 죽었다는 구절에 대하여 존 머레이 교수는 다음과 같이 말했습니다. "죄를 어떤 영역이나 울타리가 있는 것으로 볼 것 같으면, 우리 믿는 사람들은 더 이상 그 죄의 울타리 안에 있지 않습니다. 이 세상 생명에 대해서 시편 기자가 죽은 사람을 일컬어 '사람이 지날 때에 저가 없어졌으니, 내가 찾아도 발견치 못하였도다'(시편 37:36)라고 말했던 것처럼, 죄에 대해서도 이 사실은 그대로 적용됩니다. 믿는 사람은 죄에 대하여 죽었기 때문에 더 이상 그 죄의 왕국에 존재하고 있지 않습니다.… 믿는 자는 죄에 대하여 죽음으로써 다른 왕국으로 옮겨지게 된 것입니다."

우리가 어렸을 때부터 죄를 짓게 되는 까닭은 바로 이 죄의 왕국에서 죄의 지배와 통치 아래 있었기 때문입니다. 우리가 종이었기 때문에 우리는 종처럼 행했던 것입니다. 우리는 죄의 습관과 죄의 성품을 키워 왔습니다. 세상이 보기에 '선하다'고 생각되는 삶을 살았다고 할지라도 그것은 하나님을 위한 것이 아니라 자기 자신을 위한 삶이었습니다. 그리스도를 향한 우리의 태도는 그와 원수 된 자라는 말로 표현되었습니다. "우리는 이 사람이 우리의 왕 됨을 원치 아니하노이다"(누가복음 19:14).

그렇다면 우리는 이 죄의 왕국으로부터 벗어났는데도 왜 여전히 죄를 짓고 있습니까? 하나님께서는 우리를 죄의 지배에서 벗어나게 해 주셨지만, 우리 안에는 여전히 죄의 성품이 남아 있습니다. 죄의 권세와 통치는 사라졌을지라도 믿는 자들의 육신 속에 남아 있는 죄는 여전히 엄청난 힘을 가지고 계속해서 악을 행하게 합니다.

사탄은 이미 패배했으며 죄의 통치는 끝나 버렸습니다. 그러나 우리의 육신에 남아 있는 죄의 성품은 게릴라식 전투를 통해 우리를 공격하여 자꾸만 죄에 빠지게 합니다. 그 결과 성령과 우리 죄의 성품 간에는 갈등이 생깁니다. 바울은 이것을 다음과 같이 표현했습니다. "육체의 소욕은 성령을 거스리고 성령의 소욕은 육체를 거스리나니…"(갈라디아서 5:17).

더 나아가 우리는 죄인으로 태어났기에, 나면서부터 죄의 습관을 몸에 익혀 왔습니다. 제이 애덤스는 "우리는 죄인으로 태어났습니다. 그러나 우리에게 어떤 특별한 범죄 양식이 형성된 것은, 여러 차례에 걸쳐 반복적으로 행해 왔기 때문이지 결코 저절로 된 것은 아닙니다. 우리의 옛 생활은 불경건에 이르는 연습을 통해서 이루어진 것입니다"라고 말했습니다. 우리는 모두 다, 이와 같이 오랜 기간을 두고 우리 안에 깊이 새겨진 죄의 습성을 따라 행하고자 하는 경향이 있습니다.

예를 들어 내가 절름발이여서 다리를 절며 다녔다고 생각해 봅시다. 수술을 해서 다리를 고쳤다 하더라도, 나는 한동안 그 버릇을 버리지 못하고 다리를 절며 다닐 것입니다. 또 링컨의 노예 해방 선언으로 자유를 얻게 된 노예들의 경우를 생각해 봅시다. 그들이 자유를 얻게 된 즉시 자유인으로 행세할 수 있었을 것 같습니까? 틀림없이 그들은 여태까지 젖어 왔던 노예의 습성을 따라 여전히 노예처럼 행동하려고 했을 것입니다.

이와 마찬가지로 그리스도인들도 습관적으로 죄를 짓는 경향이 있습니다. 다른 사람들보다는 자기 자신을 먼저 생각하고, 해를 입으면 어떻게든지 보복하려고 하며, 몸의 욕구를 따라 탐닉에 빠지는 것이 우리의 습관입니다. 또 우리는 하나님을 위해서 살려고 하기보다는 우리 자신들을 위해서 살려고 합니다. 우리가 그리스도인이 된다고 해서 하룻밤 사이에 이 모든 습관들을 다 버릴 수 있는 것은 아닙니다. 사실상 우리의 남은 생애는 이러한 습관들을 벗어 버리고 거룩한 습관을 입어 나가는 과정의 연속입니다.

우리는 죄의 종이었을 뿐 아니라 지금도 여전히 죄의 종들이 살아가고 있는 세상에 거하고 있습니다. 우리 주위에 범람하고 있는 세속적인 가치관들이 이 종의 근성을 반영해 주고 있는데, 세상은 우리를 그 죄의 틀 안에 집어넣어 찍어 내려고 합니다.

따라서 죄는 더 이상 우리를 지배하지는 못한다 할지라도, 끊임없이 우리를 사로잡으려고 할 것입니다. 우리가 죄의 왕국으로부터, 죄의 통치로부터 구출받긴 했지만 죄의 공격으로부터 옮겨진 것은 아닙니다. 마틴 로이드 존스 박사가 로마서 6장 해설서에서 밝힌 바에 의하면, 죄는 우리의 존재 자체를 다스릴 수는 없지만 가만 내버려 두면 우리의 죽을 몸 안에 군림하게 된다는 것입니다. 죄는 우리 육신의 본능을 정욕으로 바꾸어 버립니다. 그래서 식욕을 탐식으로, 옷과 집에 대한 필요를 물욕으로, 성에 대한 정상적인 관심을 부도덕으로 타락시킵니다.

바로 이 같은 이유 때문에, 바울은 죄로 우리 죽을 몸에 왕 노릇 하지 못하게 주의하라고 권면했던 것입니다. 우리가 구원받기 전에는, 곧 죄에 대하여 죽기 이전에는 이러한 권면이 아무런 소용도 없었습니다. 종에게 "자유인으로 살아라"라고 말할 수 없는 것과 마찬가지입니다. 이것은 종의 신분에서 해방된 사람에게나 말할 수 있는 것입니다. 사실상 죄에 대하여, 즉 죄의 지배와 통치에 대하여 죽었기 때문에 우리는 그 권면을 사실로 받을 수 있는 것입니다. 우리는 더 이상 종이 아니라는 사실을 늘 명심해야 합니다. 이제 우리는 죄에 용감하게 맞서서 그것을 대항할 수 있습니다. 전에는 선택의 여지가 없었지만, 이제는 선택할 수가 있습니다. 그리스도인으로서 죄를 짓는다는 것은 종으로서가 아니라, 선택의 자유를 가진 자유인으로서 죄를 짓는다는 말입니다. 우리가 죄를 짓는 것은 죄를 선택하기 때문입니다.

지금까지 말한 내용을 요약해 보겠습니다. 우리는 죄의 지배와 통치로부터, 불의의 왕국으로부터 벗어나 자유롭게 되었습니다. 우리는 그리스도의 죽으심 안에서 그와 함께 연합됨으로 해방되었습니다. 그리스도께서는 이 땅에 오셔서 스스로 죄의 왕국에 발을 들여놓으셨지만 한 번도 죄를 짓지 않으셨습니다. 그의 죽으심은 이 죄의 왕국에 대하여 죽으신 것입니다. 우리는 죄의 지배에 대하여 죽었다는 것을 사실로 여겨야만, 죄에 용감히 맞서서 대항할 수 있습니다. 그래서 우리는 죄로 우리 죽을 몸에 왕 노릇 하지 못하게 해야 합니다.

지금까지 우리는 하나님께서 우리의 거룩함을 위해서 베풀어 주신 것들을 살펴보았습니다. 그리스도를 통해서 하나님은 우리를 죄의 지배로부터 벗어나게 해 주심으로써 이제는 우리가 죄를 대항할 수 있게 되었습니다. 하나님께서는 우리를 위해서 그 일까지 대신해 주시지는 않습니다. 죄를 대항해서 싸울 수 있도록 하나님께서 공급해 주신 능력과 죄를 대항해 싸워야 하는 우리의 책임을 혼동하게 되면, 거룩함을 추구해 나가는 삶에 커다란 문제가 야기될 수 있습니다.

6
거룩함을 위한 싸움

그러므로 내가 한 법을 깨달았노니
곧 선을 행하기 원하는 나에게
악이 함께 있는 것이로다.
로마서 7:21

그리스도의 죽으심 안에서 그와 함께 연합됨으로 말미암아 우리는 죄의 권세로부터 벗어났습니다. 그러나 우리 안에는 여전히 우리를 주관하려고 하는 죄가 있음을 발견하게 됩니다. 바울은 그것을 다음과 같이 실감나게 묘사했습니다. "선을 행하기 원하는 나에게 악이 함께 있는 것이로다"(로마서 7:21). 이처럼 죄와 갈등하는 일이 계속된다는 사실이 달갑지 않을지는 모르지만, 이 사실을 보다 분명하게 인식하고 받아들일수록, 우리는 그 문제를 더 잘 처리할 수 있게 될 것입니다. 우리 안에 내재하는 죄의 힘에 대하여 더 잘 알수록, 그게 별게 아니라는 사실을 더 확실하게 깨닫게 됩니다. 우리는 우리 안에 있는 죄에 대한 이러한 모습을 발견하는 만큼 그 죄를 미워하고 대항하여 싸울 것입니다.

믿는 자들 속에는 죄를 지으려고 하는 버릇이 여전히 남아 있지만,

그들 안에 내주하시는 성령께서는 끊임없이 거룩함을 향한 열망을 불어넣어 주십니다(요한일서 3:9). 믿는 자는 하나님께서 자기 안에서 보여 주시는 죄와 싸웁니다. 이것이 로마서 7:21에서 이야기하고 있는 내용이며, 믿는 자와 믿지 않는 자를 구별해 주는 특성입니다. 불신자들은 어둠 가운데서도 별 문제를 느끼지 않고 만족하며 살아가고 있습니다.

로마서 7:14-25 말씀을 해석하는 데는 주로 세 가지의 견해가 있는데, 이 책을 쓴 의도는 이 세 가지 해석에 대한 타당성을 논하고 따지며 어느 방향으로 이끌어 가려는 데 있지는 않습니다. 로마서 7장을 어떻게 해석하든지 간에, 우리는 사도 바울이 "선을 행하기 원하는 나에게 악이 함께 있는 것이로다"라고 말한 내용이 모든 그리스도인들에게 다 해당된다는 사실을 알아야 합니다.

앞 장에서 밝혔듯이, 죄는 그 왕좌에서 쫓겨나긴 했지만 아직도 우리 안에 여전히 남아 있습니다. 죄는 타도되고 약화되긴 했지만 그 본성 자체가 변화되지는 않았습니다. 죄는 여전히 하나님을 대적하며, 하나님의 법에 굴복할 수도 없게 합니다(로마서 8:7). 따라서 우리는 바로 우리 자신의 마음속에 의를 대적하는, 죄라고 하는 도무지 화해할 수 없는 적을 가지고 있는 셈입니다. 우리의 마음 가운데 있는 이 적이 선을 행하고자 하는 우리의 모든 노력을 좌절시키려고 할 때마다 우리에게는 대단한 근면성과 경각심이 요구됩니다.

우리 안에 있는 이 적과의 싸움에서 승리하기 위해서는 적의 성질과 전략에 관해서 알아야 합니다. 이것은 중요한 일입니다. 우선 무엇보다도 성경은 죄가 거주하는 곳은 마음이라고 말하고 있습니다. "속에서, 곧 사람의 마음에서 나오는 것은 악한 생각, 곧 음란과 도적질과 살인과 간음과 탐욕과 악독과 속임과 음탕과 흘기는 눈과 훼방과 교만과 광패니, 이 모든 악한 것이 다 속에서 나와서 사람을 더럽게 하느니라"(마가복음 7:21-23. 창세기 6:5과 누가복음 6:45도 참조).

성경에서 마음은 여러 가지 의미로 쓰이고 있습니다. 어떤 때는 이성이나 지성을 나타내는 의미로 쓰기도 하며, 어떤 때는 애정이나 감정을 나타내기도 하고, 또 어떤 때는 의지를 나타내는 말로 쓰이기도 합니다. 일반적으로는, 이처럼 개별적인 의미로 쓰이지 않고 선이나 악을 행하는 인간의 모든 정신과 그 기능을 통틀어 지칭하는 말로 쓰입니다. 이해하고 분별하고 판단하는 지성과, 좋아하고 싫어하는 감정과, 결정하고 경고하는 양심과, 선택하고 거절하는 의지, 이 모든 것들을 통틀어 마음이라고 부릅니다.

성경은 우리의 마음이 만물보다 거짓되고 부패해 있으며, 하나님만이 아실 수 있는 것이라고 말합니다(예레미야 17:9-10). 우리가 그리스도인이라 할지라도 우리 자신의 마음을 알지는 못합니다(고린도전서 4:3-5). 깊이 감추어진 숨은 동기, 비밀스런 음모, 꼬이고 뒤틀린 모습들을 온전히 분별해 낼 수 있는 사람은 아무도 없습니다. 이처럼 살펴서 알 길 없는 마음속에 죄의 법이 자리 잡고 있습니다. 죄가 그 힘을 발휘할 수 있는 근거는 바로 여기에 있습니다. 즉 우리는 도무지 찾아낼 길 없는 적과 싸우고 있다는 것입니다.

우리의 마음은 또한 속이기를 잘합니다. 우리의 마음은 우리의 행위를 변명하고 합리화하고 정당화시킵니다. 그것은 우리의 눈을 멀게 해 우리의 삶 가운데 나타나는 죄들을 보지 못하게 합니다. 우리가 죄를 적당히 다룬다거나 하나님의 말씀에 동의만 하는 것을 순종이라고 생각하는 것(야고보서 1:22)도 다 마음으로부터 일어납니다.

우리 안에 거하고 있는 죄가, 속이기를 잘하고 헤아려 알 수 없는 우리의 마음을 점령하고 있다는 사실을 알게 된 이상, 우리는 그야말로 특별한 주의를 기울이지 않을 수 없습니다. 우리는 날마다 하나님께서 우리 마음을 살피사 우리가 보지 못하거나 보려고 하지 않는 죄를 알려 주시도록 기도해야 합니다. 다윗은 이와 같이 기도했습니다. "하나님이여, 나를 살피사 내 마음을 아시며, 나를 시험하사 내 뜻을 아옵소서. 내게 무슨 악한 행위가 있나 보시고, 나를 영원한 길로 인도하소서"(시편 139:23-24). 하나님께서는 주로 우리가 성령의 조명 가운데서 하나님의 말씀을 읽어 나갈 때, 그 말씀을 통하여 우리의 마음을 살피십니다. "하나님의 말씀은 살았고 운동력이 있어, 좌우에 날 선 어떤 검보다도 예리하여 혼과 영과 및 관절과 골수를 찔러 쪼개기까지 하며, 또 마음의 생각과 뜻을 감찰하나니"(히브리서 4:12). 우리는 마음을 살펴 주시도록 하나님께 기도하면서, 우리를 살피시는 하나님의 말씀에 우리 자신을 계속적으로 드러내 놓아야 합니다.

우리는 성령께서 우리 마음을 살펴 주시도록 주의를 기울여야 합니다. 우리가 우리 자신의 마음을 살피려고 할 때 빠지기 쉬운 두 가지 함정이 있습니다. 첫 번째로 병적인 자기 분석이라는 함정을 들 수 있습니다. 자기 분석은 쉽사리 '참소자'(요한계시록 12:10)라고 불리는 사탄의 도구가 될 수 있습니다. 그가 주로 사용하는 무기 중 한 가지는 실망입니다. 우리를 실망시켜 기를 꺾어 놓으면 우리가 거룩함을 쟁취하기 위한 싸움을 그만둘 것이라는 것을 그는 알고 있습니다.

두 번째 함정은 우리가 실제적으로 중요한 일들에 주력하는 삶을 살지 못하게 한다는 것입니다. 속이기를 잘하는 사탄과 우리 마음이 보다 덜 중요한 일들에 초점을 맞추어 살도록 우리를 유도해 갑니다. 한 청년이 나를 찾아와 그의 생활 가운데 있는, 자기 힘으로는 어찌할 수 없었던 죄에 대해서 이야기한 적이 있습니다. 이 죄의 문제가 그의 마음을 크게 사로잡고 있었지만, 생활의 다른 영역에서는 그가 눈치채지 못하고 있는 문제들이 해결되지 않은 채 쌓여 있었습니다. 그가 깨닫고 있던 죄는 그 자신에게만 해를 끼치고 있었지만, 그가 알지 못하고 있던 다른 문제들은 날마다 다른 사람들에게 해를 주고 있었습니다. 오직 성령께서만 우리의 눈을 열어 우리가 보지 못하고 있는 문제들을 보게 해 주실 수 있습니다.

속이기 잘하고 살펴 알 길 없는 마음속에 우리의 죄가 자리 잡고 있습니다. 기억해야 할 두 번째 사실은 우리 안에 거하고 있는 죄는 주로 우리의 욕망을 통해서 나타난다는 것입니다. 에덴동산에서의 타락 이래로 인간은 이성보다는 욕망의 소리에 귀를 기울여 왔습니다. 욕망은 인간의 마음을 좌우하는 가장 강한 능력을 행사해 왔습니다. 다음번에 당신이 자주 당하는 유혹 가운데 빠졌을 때, 당신의 이성과 욕망 사이에 나타나는 갈등을 주의해서 살펴보십시오. 당신이 그 유혹에 굴복하게 된다면, 그 까닭은 바로 그 갈등에서 욕망이 이성을 눌러 이김으로써 당신의 의지를 꺾어 놓았기 때문일 것입니다. 세상은 이것을 알고, 히브리서 기자가 일컬었던 죄악의 낙을 통하여 우리의 욕망에 부채질을 합니다(히브리서 11:25).

물론 모든 욕망이 다 악한 것은 아닙니다. 바울은 그리스도를 알고자 하는 욕망(빌립보서 3:10), 동족인 유대인들을 구원하고자 하는 욕망(로마서 10:1), 그의 영적 자녀들이 성장하기를 바라는 욕망(갈라디아서 4:19)을 가지고 있다고 말했습니다.

그렇지만 여기에서 말하고자 하는 것은 우리를 죄로 이끌어 가는 악한 욕망(욕심)에 대해서입니다. 야고보는 우리가 시험을 받는 것은 우리의 욕심에 끌려 미혹되기 때문이라고 말했습니다(야고보서 1:14). 거룩함을 위한 싸움에서 승리하려면, 반드시 근본적인 문제가 우리 자신 안에 있다는 것을 알아야 합니다. 우리를 미혹하는 것은 우리 자신의 욕심입니다. 우리는 단지 우리에게 접근해 오는 외부의 유혹에 반응한 것

뿐이라고 생각할지도 모릅니다. 그러나 사실은, 만족할 줄 모르는 우리의 탐욕을 채우기 위해서 내부의 욕심이 끊임없이 유혹을 찾아 헤매고 있는 것입니다. 당신이 특정한 유혹에 잘 넘어지고 있다면, 그 까닭은 바로 당신 자신이 자신의 욕심을 만족시키기 위해서 늘 그 유혹을 찾아 다니고 있기 때문이라는 사실에 유의하십시오.

심지어는 우리가 특별한 어떤 죄와 싸우고 있는 동안에도, 우리의 욕심이나 우리 안에 거하고 있는 죄는 우리를 이끌어 바로 그 죄에 빠지게 합니다. 때로는 죄를 자백하고 있는 동안에도 그 죄와 연관된 악한 생각들에 다시 빠져들어 또 유혹을 받고 있는 자신을 발견하기도 합니다.

물론 우리가 예기치 못한 가운데 유혹을 받는 경우도 많습니다. 이런 일이 일어날 때면, 우리의 욕심은 그것들을 잽싸게 포착하여 붙잡습니다. 마치 불 속에 던져진 가연성 물질에 불이 붙듯이, 유혹이 오면 우리의 욕심은 즉각 반응을 보입니다. 존 오웬은, "죄는 우리의 감정(지금까지 말해 왔던 욕망)을 얽어매어 끌고 감으로써 싸움을 해 나가고 있습니다. 따라서 죄를 물리치기 위해서는 무엇보다도 감정의 방향을 잘 잡아 주어야 합니다. 우리의 욕망은 육신의 욕구를 채우기 위해서가 아니라, 하나님의 영광을 위해서 쓰여지도록 그 방향을 잡아 주어야만 합니다"라고 말했습니다.

우리 안에 거하는 죄에 대해서 우리가 알고 있어야 할 세 번째 사실은, 죄는 우리의 지성과 이성을 속이려고 한다는 것입니다. 하나님의 말씀을 통해 성령의 조명을 받는 우리의 이성은 죄가 욕망을 통해 우리를 지배하려고 하는 것을 막습니다. 그러므로 사탄은 교묘하게 우리의 마음을 속이는 계략을 씁니다. 바울은 옛사람에게 나타나는 "유혹의 욕심"에 대해서 언급했습니다(에베소서 4:22). 그는 또 말하기를 우리가 전에는 "어리석은 자요, 순종치 아니한 자요, 속은 자요, 각색 정욕과 행락에 종노릇한 자"(디도서 3:3)라고 했습니다. 이 구절들은 우리의 옛 성품에 대해서 말하고 있긴 하지만, 죄는 더 이상 우리를 지배하지는 못해도 이 속임수로 여전히 우리를 대적하여 싸우고 있다는 것을 알아야 합니다.

마음을 속이는 일은 눈치를 못 채도록 조금씩 조금씩 진행됩니다. 처음에는 방심하게 만드는 것으로부터 시작해서 마침내는 불순종하게 만드는 것입니다. 우리들은 하나님께서, "저는 이방인에게 그 힘이 삼키웠으나 알지 못하고 백발이 얼룩얼룩할지라도 깨닫지 못하는도다"(호세아 7:9)라고 말씀하셨던 에브라임과 같게 됩니다. 우리는 과신한 나머지 방심하게 됩니다. 우리는 어떤 유혹은 결코 받지 않는다고 믿습니다. 다른 사람이 넘어지는 것을 보고 "나는 절대로 그렇게 하지 않을 것이다"라고 말합니다. 그러나 바울은 "그런즉 선 줄로 생각하는 자는 넘어질까 조심하라"(고린도전서 10:12)라고 경고하고 있습니다. 범죄한 형제를 도우면서도 우리는 우리 자신이 시험을 받을까 두려워해야 합니다(갈라디아서 6:1).

우리는 은혜를 남용하다가 불순종하게 되는 때가 종종 있습니다. 유다는 "우리 하나님의 은혜를 도리어 색욕 거리로 바꾼"(유다서 1:4) 사람들이 있다고 말했습니다. 요한일서 1:9 말씀을 주장하기만 하면 용서받을 수 있으니까 죄를 지어도 좋다고 생각한다면 하나님의 은혜를 남용하는 것입니다. 또 죄를 범한 후에도, 하나님께서는 거룩하시며 죄를 미워하신다는 사실을 무시하고 긍휼이 많으시며 자비로우시다는 사실에만 집착한다면 이것도 은혜를 남용하는 것입니다.

성경을 통해서 하나님께서 말씀해 주신 것을 의심하기 시작할 때, 우리는 불순종하게 됩니다. 사탄이 하와에게 처음으로 사용했던 계략이 이것입니다(창세기 3:1-5). 사탄은 하와에게 "너희가 결코 죽지 아니하리라"라고 말했던 것처럼, 우리에게도 "그건 별게 아니다"라고 하거나, "하나님은 그 죄를 정죄하지 않으실 것이다"라고 속삭이는 것입니다.

지금까지 우리는, 죄는 더 이상 우리를 지배할 수는 없지만, 우리를 대적해서 게릴라전을 펴고 있다는 사실을 살펴보았습니다. 가만 내버려 두면 죄는 우리를 넘어뜨릴 것입니다. 이 전쟁에서 우리가 해야 될 일은 죄가 작전을 개시하는 즉시 신속하고 확실하게 이 죄를 다루어야 한다는 것입니다. 우리의 영혼 속에 유혹이 깃들일 거처를 내어 주게 되면, 유혹은 이를 발판 삼아 우리를 죄로 이끌게 됩니다. "악한 일에 징벌이 속히 실행되지 않으므로 인생들이 악을 행하기에 마음이 담대하도다"(전도서 8:11).

더 나아가, 우리가 반드시 기억해야 할 것은 죄와의 싸움은 결코 끝이 없다는 사실입니다. 우리의 마음은 헤아려 살필 수가 없고, 우리의 욕심은 채워도 채워도 한이 없으며, 우리의 이성은 끊임없이 기만을 당하는 위험 가운데 처해 있습니다. 그렇기에 예수님께서는 "시험에 들지 않게 깨어 있어 기도하라"(마태복음 26:41)라고 말씀하셨던 것입니다. 또한 잠언에서도 우리에게 "무릇 지킬 만한 것보다 더욱 네 마음을 지키라. 생명의 근원이 이에서 남이니라"(잠언 4:23)라고 경고했습니다.

7
날마다 우리의 싸움을 도우심

> 이와 같이 너희도 너희 자신을
> 죄에 대하여는 죽은 자요,
> 그리스도 예수 안에서
> 하나님을 대하여는 산 자로 여길지어다.
> 로마서 6:11

5장에서 우리는, 그리스도의 죽으심으로 말미암아, 그와의 연합됨을 통하여, 하나님께서 우리를 죄의 지배와 통치로부터 벗어나게 해 주신 사실에 대해 살펴보았습니다. 우리는 죄의 종들이었으며, 종이었기 때문에 죄를 지었습니다. 우리가 얼마나 '선한' 사람이었는가에 상관없이 우리는 죄의 습관을 키워 왔습니다. 그러나 그리스도께서 이 죄악 된 세상에 오시어 갈보리에서 우리의 죄를 대신 지셨습니다. 그는 죄에 대하여 죽으셨으며, 우리도 그와 연합됨으로써 죄에 대하여 그와 함께 죽었습니다. 이제 우리는 죄의 지배에서 벗어났기 때문에, 더 이상 죄의 종이 아닙니다. 이 사실을 믿을진대 우리는 죄로 우리 죽을 몸에 왕 노릇 하지 못하게 죄를 대항해 싸워야 합니다.

6장에서는 어떻게 해서 죄가 여전히 우리 안에 거하며, 우리의 악한 욕망을 틈타서 우리의 마음을 속임으로써 '게릴라전'을 펴 나가고 있는

지를 살펴보았습니다. 5장에서는 거룩함에 이를 수 있다는 희망이 있었는데, 6장에 와서는 그만 그 희망이 물거품이 되어 버렸다고 생각하는 것도 무리는 아닐 것입니다. "내 마음속에 있는 죄가 여전히 나를 괴롭히고 나를 자주 넘어뜨리고 있는데, 그리스도께서 십자가 위에서 죽으심으로 죄를 이기고 승리하셨다는 말이 무슨 소용이 있느냐?"라고 반문할지도 모르겠습니다.

실제로 날마다 그리스도를 경험하기 위해서, 우리는 지혜가 무궁하신 하나님께서 우리로 하여금 우리 안에 있는 죄와 싸우도록 허락하셨다는 사실을 반드시 알아야 합니다. 그러나 하나님은 우리 힘으로만 싸우도록 우리를 내버려 두시지는 않으십니다. 죄의 지배에서 벗어나게 해 주셨던 것과 마찬가지로, 하나님께서는 우리가 매일 죄와 벌이는 작은 싸움들에서 승리할 수 있도록 충분한 자원을 공급해 주셨습니다.

이 사실은 로마서 6:11에서 우리가 언제나 믿고 명심해야 할 두 번째 요지와도 관련이 있습니다. 5장에서 살펴보았던 바와 같이, 우리는 죄에 대하여 죽은 동시에 하나님을 대하여서는 산 자가 되었습니다. 우리는 어두움의 세력으로부터 벗어나 그리스도의 왕국으로 옮겨졌습니다. 바울도, 우리는 의의 종이 되었다고 말합니다(로마서 6:18). 하나님께서는 우리를 중간 상태에 머물러 있게 하지 않으셨습니다. 하나님은 우리가 죄의 지배에서 벗어나 하나님의 아들의 통치 아래 있게 해 주셨습니다.

하나님을 대하여서는 산 자라는 사실 안에 들어 있는 중요한 의미는 무엇입니까? 그것은 우리가 거룩함을 추구해 나가는 데 어떤 도움을 줍니까? 그 한 가지 의미는 우리가 그리스도의 모든 능력 안에서 그와 함께 연합되었다는 것입니다. 확실히 우리는 우리 자신만의 힘으로는 거룩한 삶을 살 수 없습니다. 기독교 신앙의 정신은 '네 스스로 하라'는 식이 아닙니다.

빌립보서 4:11-13에 나타나 있는 사도 바울의 태도를 주목해 봅시다. 그는 비천이나 풍부, 또는 배고픔이나 배부름 등 어떠한 형편에라도 자족할 수 있었던 비결을 이야기하고 있습니다. 그는 그에게 능력을 주시는 그리스도 안에서 이렇게 할 수 있다고 말하고 있습니다. 이것이 거룩한 삶과 어떠한 관계가 있습니까? 주어진 환경에 어떤 반응을 나타내느냐 하는 것은 거룩한 삶의 한 부분입니다. 거룩함이란 '해야 될 것들'과 '하지 말아야 될 것들'의 목록이 아니라 하나님의 성품을 닮아가며 그의 뜻을 순종하는 것입니다. 하나님께서 허락해 주신 어떠한 환경도 감사함으로 받는 것이야말로 거룩한 삶을 이루는 매우 중요한 부분입니다.

그러나 바울은 그리스도께서 그렇게 할 능력을 주셨기 때문에 자족할 수 있었다고 말했다는 사실에 주목하십시오. 그가 골로새 교인들을 위해서 "그 영광의 힘을 좇아 모든 능력으로 능하게 하시며, 기쁨으로 모든 견딤과 오래 참음에 이르게 하시고"(골로새서 1:11)라고 기도했던 것을 통해서도 우리는 이 사실을 알 수 있습니다. 어떻게 해야 모든 견딤과 오래 참음에 이를 수 있습니까? 이것은 하나님의 능력을 힘입을 때라야 가능합니다.

에베소 교회에 보내는 편지에 언급했던 또 다른 기도에 대해서도 다시 한번 생각해 봅시다. 그는 에베소 교인들을 위해서 다음과 같이 기도하고 있다고 말했습니다. "그 영광의 풍성을 따라, 그의 성령으로 말미암아 너희 속사람을 능력으로 강건하게 하옵시며"(에베소서 3:16). 그는 하나님을 "우리 가운데서 역사하시는 능력대로 우리의 온갖 구하는 것이나 생각하는 것에 더 넘치도록 능히 하실 이"(에베소서 3:20)로 인정하면서 그의 기도를 끝맺었습니다.

바로 이것이 우리가 '하나님을 대하여 살았다'는 말에서 가장 먼저 붙

잡아야 할 의미입니다. 우리는 우리 안에서 크신 능력으로 역사하시는 이에게 연합되었습니다. 죄의 권세를 이기지 못함으로 인해 생기는 어쩔 수 없는 무력감에 대해서 우리 모두는 잘 알고 있습니다. 우리는 어떤 유혹에 다시는 넘어가지 말아야 하겠다고 수십 번씩이나 굳게 결심해 보지만, 번번이 그 유혹에 넘어가고 맙니다. 그러면 사탄은 우리에게 와서 속삭입니다. "차라리 그만두지 그래? 결코 그 죄를 이길 수 없을 걸." 사실 우리 자신만의 힘으로는 이길 수 없습니다. 하지만 우리는 우리에게 능력을 주시는 하나님께 연합되어 있으며 하나님을 대하여는 살아 있습니다. 이 사실을 염두에 둠으로써, 다시 말하여 그것을 사실로 여김으로써 우리는 그 유혹에 맞서 싸우는 데 필요한 능력을 경험하게 됩니다.

이 두 가지 사실, 즉 죄와 죄의 지배에 대해서는 죽은 자요, 내게 능력 주시는 하나님께 연합되어 하나님을 대하여서는 산 자라는 사실을 믿을 때라야만, 우리는 죄로 죽을 몸에 왕 노릇 하지 못하게 할 수 있습니다.

마틴 로이드 존스 박사는 이렇게 말합니다. "이 사실을 깨닫게 될 때, 우리는 엄청난 죄의 권세가 우리를 사로잡아 도저히 어떻게 당해 낼 수가 없다는 무력감에서 벗어날 수 있습니다. 어떻게 그럴 수 있습니까? 그 이유는 다음과 같습니다. 나는 더 이상 죄의 지배를 받지 않게 되었을 뿐 아니라, 어떤 것도 대항할 수 없는 다른 힘의 지배 아래 놓이게 되었기 때문입니다. 나는 비록 약하나 내 안에서 역사하시는 하나님의 능력은 강합니다."

이것은 우리 기억의 창고에 쌓아 두고 찬양이나 드릴, 단지 이론에 불과한 가르침이 아니고, 거룩함을 위한 싸움에 사용할 수 있는 실제적인 가치가 있는 것입니다. 죄에 대하여는 죽은 자요, 하나님을 대하여는 산 자로 여긴다는 것은 적극적으로 그렇게 행해야만 된다는 것입니다.

그렇게 하기 위해서는, 우리가 죄에 대하여는 죽고 하나님을 대하여는 살았다는 사실을 끊임없이 인식하는 습관을 들여야만 합니다. 실제로 우리는 죄가 접근해 와 유혹해 올 때, 하나님의 말씀 안에서 믿음을 가지고 이렇게 해야 합니다. 죄를 대항하기 위해 필요한 능력을 바라며 믿음 가운데서 그리스도를 의뢰할 때, 우리는 하나님께 대하여 살았다는 것을 믿어야 합니다. 그러나 믿음은 항상 사실 위에 그 근거를 두어야 하며, 로마서 6:11은 바로 우리를 위해서 주어진 사실입니다.

하나님을 대하여 살았다는 말에서 볼 수 있는 두 번째 의미는 하나님께서 성령을 주셔서 우리 안에 거하게 하셨다는 것입니다. 사실 이것은 두 번째로 나타나는 결과가 아니고, 우리가 그리스도와 연합된 것을 다른 각도에서 바라본 것입니다. 성령께서 이 연합을 이루어 주시기 때문입니다. 영적인 생명을 주시고 영적인 삶을 살아갈 수 있는 능력을 주신 분은 바로 성령이십니다(로마서 8:9-11). 하나님의 선하신 뜻을 따라 결정하고 행동할 수 있도록 우리 안에서 역사하시는 이도 성령이십니다.

바울은 이렇게 말했습니다. "하나님이 우리를 부르심은 부정케 하심이 아니요 거룩케 하심이니, 그러므로 저버리는 자는 사람을 저버림이 아니요 너희에게 그의 성령을 주신 하나님을 저버림이니라"(데살로니가전서 4:7-8). 여기에서 바울은 하나님께서 주신 것과 우리의 거룩한 삶을 결부시켜 말하고 있습니다. 성령이라고 불리는 그분은 무엇보다도 우리를 거룩하게 하시려고, 곧 우리로 하여금 하나님의 성품을 닮아 가게 하시려고 파송을 받아 오셨습니다. 성령과 거룩한 삶과의 연관성은 다른 구절에서도 발견할 수 있습니다. 예를 들면, 다음과 같은 구절들을 들 수가 있습니다. "음행을 피하라. 사람이 범하는 죄마다 몸 밖에 있거니와 음행하는 자는 자기 몸에게 죄를 범하느니라. 너희 몸은 너희가 하나님께로부터 받은 바 너희 가운데 계신 성령의 전인 줄을 알지 못하느냐"(고린도전서 6:18-19). "만일 너희 속에 하나님의 영이 거하시면 너희가 육신에 있지 아니하고 영에 있나니, 누구든지 그리스도의 영이 없으면 그리스도의 사람이 아니라"(로마서 8:9). "내가 이르노니 너희는 성령을 좇아 행하라. 그리하면 육체의 욕심을 이루지 아니하리라"(갈라디아서 5:16).

성령이 우리 안에 거하셔서 거룩한 삶을 살도록 힘을 주시는 까닭은 무엇입니까? 우리가 하나님을 대하여 살아 있기 때문입니다. 지금 우리는 우리를 그리스도와 연합하게 해 주시고, 성령을 주셔서 우리 안에 거하게 해 주신 하나님의 통치 아래서 살아가고 있습니다.

성령은 먼저 거룩함에 대한 우리의 필요를 보여 주심으로써 우리가 거룩하게 될 수 있도록 도와주십니다. 성령은 우리의 눈을 밝혀 주셔서 거룩함에 대한 하나님의 수준을 볼 수 있게 해 주십니다. 그런 다음 그는 우리에게 있는 특정한 죄를 깨닫게 하십니다. 사탄이 사용하는 가장 강력한 무기의 하나는 우리를 영적으로 눈이 멀게 하여 우리의 죄를 보지 못하게 하는 것입니다. 성경은 "만물보다 거짓되고 심히 부패한 것은 마음이라. 누가 능히 이를 알리요마는"(예레미야 17:9)이라고 가르쳐 주고 있습니다. 성령이 아니고는 아무도 사람의 마음을 알거나 드러낼 수가 없습니다.

성경의 가르침을 따르고 있는 그리스도인들까지도 자신들의 죄에 대하여 속을 수가 있습니다. 우리까지도 성경의 가르침에 동의하는 것과 순종하는 것은 같다고 생각하기도 합니다. 그러다 보면 설교를 듣거나 성경을 읽거나 공부하는 가운데 자신에게 적용할 수 있는 내용들을 접하게 되면 이렇게 말할지도 모릅니다. "맞아, 그건 진리야. 그것은 내가 실천해야 될 내용이야." 하지만 우리는 거기에서 그치고 맙니다. 야고보는 그렇게 하는 것이 우리 스스로를 속이는 것이라고 했습니다(야고보서 1:22).

   그리스도인으로서 성장해 가면서, 우리는 날로 커지는 영적 교만의 위험을 맞게 됩니다. 우리는 올바른 교리나 방법에 대해서, 또 무엇을 하지 말아야 하는지에 대해서도 잘 압니다. 그러나 우리는 자신의 성품이 영적으로 너무 빈약하다는 사실은 그냥 지나쳐 버릴지도 모릅니다. 우리들 자신의 비판적이고 용서할 줄 모르는 기질과 남을 헐뜯기 좋아하는 습성, 또 판단하는 버릇들을 간과해 버릴 수도 있습니다. 우리는 마치 우리 주님께서 꾸짖으셨던 라오디게아 교회 사람들과 같은지도 모릅니다. "네가 말하기를 '나는 부자라. 부요하여 부족한 것이 없다' 하나, 네 곤고한 것과 가련한 것과 가난한 것과 눈먼 것과 벌거벗은 것을 알지 못하도다"(요한계시록 3:17).

   밧세바를 취하고 나서 그 죄를 은폐하기 위해 밧세바의 남편을 죽인 다윗이 바로 이와 같았습니다(사무엘하 12:1-13). 그는 이 비열한 행위를 통회하고 회개했습니까? 전혀 그렇지 않았습니다. 오히려 그는 그보다도 훨씬 가벼운 죄를 범한 사람에게 태연히 사형을 선고할 정도로 뻔뻔스러웠습니다(5절). 어떻게 그렇게까지 할 수 있었습니까? 그는 영적으로 눈이 멀어 있었기 때문입니다. 선지자 나단이 면전에 대고 "당신이 바로 그 사람이오"라고 말해 주기 전까지, 그는 가공할 만한 그의 죄에 대해서 깨닫지를 못하고 있었습니다.

   죄로 더럽혀져 초라한 우리의 몰골을 보게 해 주시는 것이 바로 성령께서 하시는 일입니다. 그는 우리에게 오셔서 "네가 바로 그 사람이다"라고 말씀하십니다. 그런 말이 비록 사랑하는 형제의 입을 통해서 나왔다 할지라도, 그 말을 받아들여 다윗과 같이, "내가 주님께 죄를 범하였나이다"(13절 참조)라고 고백할 수 있게 해 주시는 분은 성령이십니다. 성령께서는 우리 마음속의 은밀한 곳을 비추어 거기에 숨겨 있는 더러운 시궁창을 보게 해 주십니다. 우리를 거룩하게 하시는 성령의 사역은 바로 이 일로부터 시작됩니다.

하나님의 수준과 우리의 죄악을 보고 나면, 그 결과 우리 안에는 자연히 거룩하게 되고 싶은 열망이 일어납니다. 이것 또한 우리를 거룩하게 만들어 가시는 성령의 사역입니다. 우리는 죄를 뉘우치며 하나님의 뜻을 따라 근심할 때 회개에 이르게 됩니다(고린도후서 7:10). 우리는 다윗처럼 기도합니다. "나의 죄악을 말갛게 씻기시며, 나의 죄를 깨끗이 제하소서.··· 우슬초로 나를 정결케 하소서. 내가 정하리이다. 나를 씻기소서. 내가 눈보다 희리이다"(시편 51:2,7).

바울은 이렇게 말했습니다. "너희 안에서 행하시는 이는 하나님이시니, 자기의 기쁘신 뜻을 위하여 너희로 소원을 두고 행하게 하시나니"(빌립보서 2:13). 우리는 행하기에 앞서 반드시 소원해야 합니다. 소원한다는 말은 열의를 가지고 결심한다는 뜻입니다. 성령께서 우리의 죄를 보여 주시는 것은 우리를 실의에 빠지게 하려 하심이 아니요, 거룩하게 하려 하심입니다. 그는 우리 안에 죄를 미워하는 마음과 거룩함에 대한 열망을 불러일으켜 주십니다.

거룩해지고 싶은 강한 열망을 가진 사람들만이, 거룩함을 추구해 나가는, 이 고통스러울 만큼 더디고 어려운 일을 참고 견디어 낼 수 있을 것입니다. 실패가 너무나 많습니다. 성령께서 우리 안에 역사하셔서 거룩함에 대한 열망을 불러일으켜 주시지 않는다면, 우리의 옛 성품이 지닌 습관과 사탄의 공격은 너무나 강해서 우리 힘으로는 견뎌 낼 수가 없습니다.

성령께서는 우리의 죄를 보여 주실 뿐만 아니라, 거룩함에 대한 하나님의 수준을 보여 주심으로써 이 열망을 불러일으켜 주십니다. 그는 성경 말씀을 통해서 이 일을 이루어 가십니다. 성경 말씀을 읽거나 공부하거나 들을 때, 우리는 하나님의 거룩함 속에 깃들인 아름다움에 사로잡히게 됩니다. 비록 하나님의 수준이 까마득하게 보인다 할지라도, 우리는 '거룩하며 의로우며 선한'(로마서 7:12) 그 수준을 알고 그것을 향해 나아갑니다. 우리가 자주 넘어지긴 하지만, 우리 속사람은 "하나님의 법을 즐거워"합니다(로마서 7:22).

여기에서 우리는 또 하나님께서 하시는 일과 우리가 해야 할 일이 무엇인지를 구별할 줄 알아야 합니다. 성령께서 성경을 사용하셔서 우리의 필요를 보여 주시며 거룩함에 대한 열망을 불러일으켜 주신다면, 우리는 지속적으로 하나님의 말씀 안에 거해야 하지 않겠습니까? 설교를 들을 때든, 말씀을 공부할 때든, 성령께서 우리 마음을 살피시사 우리 안에 무슨 악한 행위가 있나 깨우쳐 주시기를 기도하면서(시편 139:23-24) 말씀을 대해야 하지 않겠습니까?

성령께서는 우리로 하여금 우리에게 필요한 것들을 볼 수 있게 해 주시고 거룩함을 향한 열망을 불러일으켜 주십니다. 그 외에 성령께서 직접 하셔야 될 일이 아직 남아 있습니다. 그것은 우리에게 영적인 능력을 주셔서 거룩한 삶을 살 수 있게 해 주시는 일입니다. 바울은 "너희는 성령을 좇아 행하라. 그리하면 육체의 욕심을 이루지 아니하리라"(갈라디아서 5:16)라고 했습니다. 성령을 좇아 행한다는 것은 성령께 순종하며 성령을 의뢰하는 것을 말합니다. 우리의 (순종함으로 나타나는) 의지와 (의뢰함으로 나타나는) 믿음 사이에는 균형이 있습니다. 그러나 여기에서는 우리가 성령을 의뢰해야 하는 측면에 대해서 생각해 보기로 하겠습니다.

성령께서 주시는 힘이 없이는 아무도 부패한 마음을 이겨 낼 수가 없습니다. 베드로는 하나님께서 "그 보배롭고 지극히 큰 약속을 우리에게 주사, 이 약속으로 말미암아, 너희로 정욕을 인하여 세상에서 썩어질 것을 피하여, 신의 성품에 참예하는 자가 되게" 하셨다고 말합니다(베드로후서 1:4). 신의 성품에 참예하게 됨으로써 우리는 썩어질 것을 피하게 되었습니다. 신의 성품에 참예하게 된 것은 우리 안에 내주하시는 성령으로 말미암은 것입니다.

우리는 거룩한 삶을 살기 위해 성령을 의뢰하는 믿음을 두 가지 방법으로 나타냅니다. 첫째는 겸손한 가운데 하나님의 말씀을 지속적으로 섭취하는 것입니다. 우리가 진정으로 성령 안에서 살기를 바란다면 계속해서 우리의 마음을 그의 진리로 가득 채워야 합니다. 죄에서 승리할 수 있게 해 달라고 기도하면서도, 하나님의 말씀을 섭취하기를 소홀히 한다면 그것은 위선입니다.

꾸준하게 하나님의 말씀을 섭취하긴 하지만, 성령을 의뢰하지 않는 태도로 할 수도 있습니다. 하나님은 말씀하십니다. "무릇 마음이 가난하고 심령에 통회하며, 나의 말을 인하여 떠는 자, 그 사람은 내가 권고하려니와"(이사야 66:2). 우리는 죄가 있지만 그 죄를 보지 못할 때가 종종 있다는 사실과, 우리의 마음속에서 조명해 주시는 성령의 능력을 필요로 한다는 사실을 인정하기 때문에, 겸손하고 통회하는 마음으로 말씀을 대해야 합니다.

성령을 의뢰하는 우리 믿음의 두 번째 표현 방법은 거룩함을 위한 기도로 나타납니다. 사도 바울은 그의 서신을 받을 사람들의 삶 가운데 하나님의 영이 역사하시도록 끊임없이 기도했습니다. 에베소 교인들을 위해서 "그의 성령으로 말미암아 너희 속사람을 능력으로 강건하게 하옵시고"(에베소서 3:16)라고 기도하였습니다. 골로새 교인들을 위해서는 "이로써 우리도 듣던 날부터 너희를 위하여 기도하기를 그치지 아니하고 구하노니, 너희로 하여금 모든 신령한 지혜와 총명에 하나님의 뜻을 아는 것으로 채우게 하시고, 주께 합당히 행하여 범사에 기쁘시게 하고,

모든 선한 일에 열매를 맺게 하시며, 하나님을 아는 것에 자라게 하시기를" 기도했습니다(골로새서 1:9-10).

그는 데살로니가인들에게 "평강의 하나님이 친히 너희로 온전히 거룩하게 하시고"(데살로니가전서 5:23)라고 써 보냈으며, "또 주께서 우리가 너희를 사랑함과 같이 너희도 피차간과 모든 사람에 대한 사랑이 더욱 많아 넘치게 하사 너희 마음을 굳게 하시고, 우리 주 예수께서 그의 모든 성도와 함께 강림하실 때에, 하나님 우리 아버지 앞에서 거룩함에 흠이 없게 하시기를 원하노라"(데살로니가전서 3:12-13)라고 편지했습니다. 사도 바울은 분명 우리가 거룩하게 되기 위해서는 성령을 의뢰해야 된다는 것을 알았으며, 기도를 통하여 이것을 나타냈습니다.

그리스도인이 된 지 얼마 지나지 않았을 무렵, 나는 거룩한 삶을 살기 위해서는 하나님께서 내게 원하시는 것을 성경에서 찾아 그대로 행하기만 하면 되는 것이 아니냐고 쉽게 생각했던 적이 있습니다. 성숙한 그리스도인이라면 이러한 순진한 생각을 가볍게 웃어넘기겠지만, 어린 그리스도인들은 이처럼 자신만만한 기세로 덤벼듭니다. 그렇지만 조금이라도 거룩해지기 위해서는 능력을 주시는 성령을 의뢰해야만 된다는 진리를 배워야 합니다. 우리가 그분을 의뢰할 때, 그분은 우리 안에서 역사하십니다. 그분은 우리의 죄를 밝히 보여 주시고, 거룩함을 향한 열망을 불러일으켜 주시며, 우리에게 능력을 주셔서 그분께 순종하게 해 주십니다.

# 8
승리가 아니라 순종

너희가 육신대로 살면 반드시 죽을 것이로되
영으로써 몸의 행실을 죽이면 살리니.
로마서 8:13

하나님께서는 우리에게 거룩하게 될 수 있는 모든 조건을 갖추어 주셨으며, 또한 거룩해져야 할 책임도 주셨습니다. 5장과 7장에서 살펴본 바와 같이 하나님께서 갖추어 주신 조건들은 우리를 죄의 지배로부터 벗어나게 해 주신 것과, 그리스도와 함께 연합하게 해 주신 것, 우리 안에 성령을 내주하게 해 주셔서 죄를 깨닫게 해 주신 것, 거룩함에 대한 열망을 불러일으켜 주신 것, 그리고 우리에게 힘을 주셔서 거룩함을 추구하게 해 주신 것입니다. 그가 주신 새 성품을 따라서 우리는 성령의 능력으로 몸의 행실을 죽여야 합니다(로마서 8:13).

우리에게 몸의 행실을 죽일 수 있도록 해 주시는 분은 물론 성령이시지만, 이것은 또한 마땅히 우리가 행해야 할 일이라고 바울은 말합니다. 똑같은 일이지만, 어떤 관점에서 보면 성령의 일이고 또 다른 관점에서 보면 우리의 일입니다.

앞 장에는 이 구절의 '영으로써'라는 부분에 초점을 맞추어 이야기했습니다. 이번 장에서는 '몸의 행실을 죽이라'는 우리의 책임에 눈을 돌려 보도록 하겠습니다.

이 말을 통해서 보건대 하나님께서 거룩한 삶을 사는 책임을 전적으로 우리에게 맡기셨다는 사실이 명확해집니다. 우리는 뭔가를 해야 합니다. '노력을 그치고 신뢰하기 시작하라'고 해서는 안 됩니다. 우리는 몸의 행실을 죽여야 합니다. 바울은 "그러므로 땅에 있는 지체를 죽이라"(골로새서 3:5)라고 권면합니다. 이것이 우리에게 행하라고 하는 것입니다. 바울의 서신서뿐만 아니라, 다른 사도들의 서신서에서도 거룩한 삶을 살라는 명령이 거듭해서 나오고 있습니다.

히브리서의 기자는 "이러므로 우리에게 구름같이 둘러싼 허다한 증인들이 있으니, 모든 무거운 것과 얽매이기 쉬운 죄를 벗어 버리고, 인내로써 우리 앞에 당한 경주를 경주하며"(히브리서 12:1)라고 말하고 있습니다. 그는 죄를 벗어 버리고, 인내로써 경주하라고 말합니다. 분명 그는 우리가 그리스도인의 경주를 해야 될 책임을 받아들일 것을 기대하고 있습니다. 야고보는 "그런즉 너희는 하나님께 순복할지어다. 마귀를 대적하라. 그리하면 너희를 피하리라"(야고보서 4:7)라고 말했습니다. 하나님께 굴복하고 마귀를 대적해야 될 사람은 바로 우리 자신들입니다. 이것은 우리의 책임입니다. 베드로는 "주 앞에서 점도 없고 흠도 없이 평강 가운데 나타나기를 힘쓰라"(베드로후서 3:14)라고 말했습니다. 힘쓰라는 말은 우리의 의지를 향해서 하는 말입니다. 이것은 우리의 결심에 달린 문제입니다.

그리스도인으로 살아오면서 나는 거룩한 삶을 살고자 하는 모든 노력은 '육신적인 것'이요, '육신은 아무 유익도 주지 못한다'고 생각했던 적이 있습니다. 하나님은 선행을 통하여 그리스도인이 되고자 하는 노력을 축복해 주시지 않는 것과 마찬가지로, 그리스도인으로서 거룩한 삶을 살고자 하는 모든 노력도 축복해 주시지 않을 거라고 생각했습니다. 나는 믿음으로 예수 그리스도를 영접하는 것과 같이, 오로지 믿음으로 거룩한 삶을 얻고자 했습니다. 내가 하는 모든 노력은 단지 하나님께서 하시는 일을 방해할 뿐이라고 생각했습니다. 나는 "이 전쟁에는 너희가 싸울 것이 없나니, 항오를 이루고 서서 너희와 함께한 여호와가 구원하는 것을 보라"(역대하 20:17)라는 말씀을 잘못 적용했던 것입니다. 나는 그 말씀이, 나의 모든 죄를 주님께 가지고 나아가면 그가 나를 대신해서 싸워 주신다는 뜻으로 생각했던 것입니다. 사실 나는 그때 보고 있던 성경 여백에다 "성령 안에서 행하는 삶에 대한 예화"라고 메모해 두기까지 했었습니다.

얼마나 잘못된 생각이었는지 모르겠습니다. 성령을 의뢰한다는 말을 아무런 노력도 하지 말아야 하며 내게는 아무런 책임도 없다는 뜻으로 잘못 해석했던 것입니다. 주님께 갖다 맡기기만 하면 주님께서는 나를 위하여 순종의 길을 택해 주시리라고 잘못 생각했습니다. 거룩해지기 위해서는 주님을 바라보기만 하면 다 된다고 믿었습니다. 그러나 이것은 하나님의 방법이 아닙니다. 하나님은 우리에게 거룩해지는 데 필요한 모든 것들을 준비는 해 주시지만, 그것들을 사용해야 될 책임은 우리에게 맡기셨습니다.

성령은 모든 그리스도인들이 다 받았습니다. 마틴 로이드 존스 박사가 한 말을 들어 봅시다. "성령은 우리 안에 계십니다. 그는 우리 안에서 역사하고 계시며, 우리에게 권위를 부여해 주시고 능력을 주십니다. '두렵고 떨림으로 너희 구원을 이루라!' 이것은 신약의 가르침입니다. 우리는 마땅히 그렇게 해야 합니다. 그러나 그다음 말을 주목해 보십시오. '너희 안에서 행하시는 이는 하나님이시니 자기의 기쁘신 뜻을 위하여 너희로 소원을 두고 행하게 하시나니.' 성령이 우리 안에 역사하셔서 우리로 하여금 '소원을 가지고 행하게' 하십니다. 두렵고 떨림으로 구원을 이루라는 권면을 받을 수 있는 까닭은, 성령이 내 안에 계심으로 나는 외톨이가 아니며, 완전히 절망적인 존재가 아니라는 사실 때문입니다."

몸의 행실을 죽이기 위해서는 반드시 성령을 의뢰해야만 합니다. 로마서 8:13을 해설하는 가운데 로이드 존스가 밝힌 바와 같이, "기독교를 다른 도덕이나 율법 또는 거짓 청교도 정신으로부터 구별해 주는" 분은 바로 성령이십니다. 그러나 성령을 의뢰하라는 의미는 '나는 할 수 없다'는 태도를 가지라는 말이 아니라, 오히려 '내게 능력 주시는 자 안에서 내가 모든 것을 할 수 있다'는 태도를 가지라는 말입니다. 그리스도인은 결코 능력과 힘이 부족하다고 불평해서는 안 됩니다. 우리가 죄를 범하는 것은 유혹을 이길 능력이 없어서가 아니라, 스스로 그 죄를 선택했기 때문입니다.

지금은 우리 그리스도인들이 거룩함에 대한 우리의 책임을 정면으로 받아들여야 할 때입니다. 우리는 너무나 자주 이런 죄 저런 죄 때문에 '패배했다'고 말합니다. 그러나 우리는 패배한 게 아니라 단지 불순종한 것입니다. 우리는 우리의 거룩함에 대해 이야기할 때, '승리'라든지 '패배'라는 말을 더 이상 사용하지 않는 게 좋을 것 같습니다. 그런 말보다는 오히려 '순종'과 '불순종'이라는 말을 써야 될 것입니다. 내가 어떤 죄 때문에 패배했다고 말하는 것은, 내가 져야 할 책임으로부터 무의식적으로 슬그머니 빠져나오는 것입니다. 곧 외부에 있는 어떤 것이 나를 패배하게 만들었다고 말하고 있는 것입니다. 그러나 내가 불순종했다고 말하는 것은 그 죄에 대한 책임을 분명하게 나에게로 돌리는 것입니다. 사실 우리가 패배했다 할지라도 패배한 까닭은 불순종했기 때문입니다.

우리는 음란한 생각을 즐긴다거나, 분을 품는다거나, 진리를 약간 거스르는 편을 택함으로써 죄를 짓게 되는 것입니다.

  우리는 기운을 내서 자리를 박차고 일어나야 합니다. 우리의 생각과 태도와 행동에 대한 책임은 우리 스스로가 져야 합니다. 우리는 죄에 대하여 죽었기 때문에 죄가 더 이상 우리를 지배하지 못한다는 사실을 알 필요가 있습니다. 또한 하나님께서는 그의 능력으로 우리를 그리스도와 함께 일으키셨으며, 우리에게 성령을 주사 우리 안에서 역사하게 하셨다는 사실도 인식해야 합니다. 우리 자신의 책임을 받아들이고 하나님의 도우심을 의뢰해 나갈 때만이 우리는 거룩함을 추구해 나가는 삶에 진보를 나타낼 수 있을 것입니다.

9
땅에 있는 지체를 죽임

그러므로 땅에 있는 지체를 죽이라.
곧 음란과 부정과 사욕과 악한 정욕과 탐심이니,
탐심은 우상 숭배니라.
골로새서 3:5

성경은 거룩하게 되는 것이 우리의 책임이라고 분명하게 말하고 있습니다. 거룩함을 추구해 나가기 위해서는 몇 가지 결단력 있는 행동을 취해야 합니다. 더 이상 특정한 죄를 짓지 않게 되도록 동기를 부여해 달라고 하나님께 기도하고 있노라는 사람과 이야기를 나누었던 적이 있습니다. 죄를 짓지 않도록 동기를 부여해 달라니요? 이 사람의 이야기는 요컨대 하나님께서 마땅히 하셔야 될 일을 하지 않으셨다고 주장하는 것과 같습니다. 우리는 너무나 쉽게 하나님께 뭔가를 좀 더 해 주시기를 구함으로써 우리의 책임을 감당하길 꺼리고 지체하게 됩니다.

우리가 마땅히 취해야 할 행동은 몸의 행실을 죽이는 것입니다(로마서 8:13). 바울은 다른 서신서에서도 이와 똑같은 이야기를 하고 있습니다. "그러므로 땅에 있는 지체를 죽이라. 곧 음란과 부정과 사욕과 악한 정욕과 탐심이니, 탐심은 우상 숭배니라"(골로새서 3:5). '죽이라'는 말이 뜻하고 있는 바는 무엇입니까? 흠정역에서는 이것을 억제하다라는 말로 표현하고 있습니다. '억제하다'를 사전에서 찾아보면, "힘, 활력 또는 기능을 소멸함. 복종하게 하거나 죽임"이라고 나와 있습니다. 따라서 몸의 행실을 죽인다는 말은 죄가 우리 몸을 통치하려고 할 때, 그 힘이나 활력을 없앤다는 뜻이 될 것입니다.

물론 죄를 억제하는 일은 우리가 해야 하지만, 우리 자신만의 힘으로는 되지 않는다는 것을 분명히 알아야 합니다. 청교도였던 존 오웬이 이것을 잘 설명해 주고 있습니다. "의를 이루기 위해 자기가 착상한 방법에 의해 자기 힘으로 하는 모든 억제는 사이비 종교의 특징이요 핵심입니다." 억제는 반드시 성령의 인도 아래서 그를 힘입어 수행되어야 합니다.

이어서 오웬은 다음과 같이 말했습니다. "이 일은 성령 한 분만으로 충분합니다. 성령을 떠난 모든 수단과 방법은 소용이 없습니다. 그는 가장 유능한 분이시며, 우리의 수고에 활력과 능력을 불어넣어 주시는 분이십니다."

비록 성령의 인도 아래서 그의 능력을 힘입어 억제하는 일이 수행되어야 하는 것이긴 하지만, 어쨌든 그것은 우리가 해야 될 일입니다. 억제란 성령의 도우시는 힘이 없이는 불가능하지만, 우리의 행함이 없이도 또한 불가능합니다.

그렇다면 "우리는 어떻게 죄의 힘과 활력을 없앨 수 있는가?" 하는 것이 중요한 문제입니다. 이처럼 어려운 일을 하려고 할 것 같으면, 무엇보다도 우리에게는 확신이 있어야 합니다. 모든 그리스도인들을 위한 하나님의 뜻으로서 거룩한 삶은 중요하다는 사실을 잘 알고 있어야 합니다. 거룩함을 추구해 가기 위해서는 몸의 행실을 죽이는 데 필요한 노력과 수고를 들일 만한 가치가 있다는 것을 믿어야 합니다. 우리는 "이것(거룩함)이 없이는 아무도 주를 보지 못하리라"(히브리서 12:14)라는 말씀을 확신해야 합니다.

우리는 일상에서도 거룩한 삶을 사는 데 대한 확신을 키워 가야 될 뿐만 아니라, 특별한 순종의 영역에 대한 확신도 키워 가야 합니다.

이러한 확신은 자신을 하나님의 말씀에 드러내 놓을 때 자라납니다. 우리의 사고방식은 오래전부터 세상의 가치관에 익숙해 왔습니다. 우리가 그리스도인이 된 이후에까지도 우리를 둘러싸고 있는 세상은 끊임없이 그 속된 가치관으로 우리를 물들이려 하고 있습니다. 우리는 죄에 빠져들게 하는 유혹의 포격을 온몸에 받고 있습니다. 바로 그 이유 때문에 바울은 이렇게 말했습니다. "여러분을 둘러싸고 있는 세상이 여러분을 그 틀에 맞추어 찍어 내지 못하도록 하고, 여러분의 마음의 태도에 전적인 변화를 받을 수 있도록, 하나님께 여러분을 맡기도록 하십시오"(로마서 12:2, 필립스역).

오직 하나님의 말씀만이 우리의 마음을 새롭게 하고 우리의 가치관을 바꿀 수 있습니다. 하나님은 장차 이스라엘의 왕이 될 사람들에게 교훈을 주실 때, 율법서를 "평생에 자기 옆에 두고 읽어서 그 하나님 여호와 경외하기를 배우며, 이 율법의 모든 말과 이 규례를 지켜 행할 것이라"(신명기 17:19)라고 말씀하셨습니다. 하나님의 말씀을 평생 옆에 두고 읽어서 그 하나님 여호와 경외하기를 배우라는 것입니다. 그렇게 할 때, 그는 거룩함의 필요성을 배우며, 여러 상황 가운데서 하나님이 가지고 계신 구체적인 뜻을 어떻게 찾을 수 있는가를 알 수 있기 때문입니다.

예수님께서는 "나의 계명을 가지고 지키는 자라야 나를 사랑하는 자니, 나를 사랑하는 자는 내 아버지께 사랑을 받을 것이요, 나도 그를 사랑하여 그에게 나를 나타내리라"(요한복음 14:21)라고 말씀하셨습니다. 순종은 거룩함에 이르는 지름길입니다. 그러나 그의 계명을 간직하고 있지 않다면 그 계명에 순종할 수가 없습니다. 하나님의 말씀이 우리의 마음을 강하게 사로잡을 때, 그 말씀은 우리의 생각과 태도와 행동에 결정적인 영향을 미치게 됩니다. 말씀이 우리의 마음을 사로잡게 하는 가장 효과적인 방법 가운데 하나는 그 말씀을 암송하는 것입니다. "내가 주께 범죄치 아니하려 하여 주의 말씀을 내 마음에 두었나이다" (시편 119:11).

효과적으로 성경을 암송하기 위해서는 계획이 있어야 합니다. 적절한 구절을 선정해서 실제로 암송을 하는 방법, 암송한 구절을 늘 새롭게 기억하기 위해 체계적으로 복습하는 방법 및 이 암송을 스스로 계속해 나가기 위한 계획이 있어야 합니다.

이와 같은 계획이 얼마나 중요한가는 나도 경험을 통하여 깨달았습니다. 대학에 다닐 때 나는 영적으로 어린 상태에 있었지만, 하나님의 말씀이 내 삶에 대단히 중요하다는 것을 직감하고 있었습니다. 그러나 구체적으로 무엇을 어떻게 해야 할지는 알지 못했습니다. 나는 어쩌다가 서너 구절씩 암송하곤 했지만, 그것이 내게 무슨 유익을 주지는 못했습니다. 그러던 어느 날, 나는 네비게이토 선교회의 주제별 성경 암송을 시작하게 되었습니다. 수십 년이 지난 지금까지도, 단순하지만 하나님의 말씀을 마음 가운데 효과적으로 담아 둘 수 있는 이 계획을 통해서 나는 여전히 많은 유익을 얻고 있습니다.

물론 성경 암송의 목적은 하나님의 말씀을 일상생활에 적용해 나가는 데 있습니다. 우리를 쉽게 넘어뜨리는 유혹에서 스스로를 지킬 수 있는 확신도 이렇게 성경 말씀을 실생활 속에 적용해 나갈 때 키워 나갈 수가 있습니다.

수년 전 우리 식구는 미주리주의 캔자스시티에서 살았습니다. 일자리는 강 건너편 캔자스주의 캔자스시티였습니다. 캔자스주에서 취업하고 있는 직장인으로서는 캔자스주에 소득세를 내는 것이 원칙이었지만, 미주리주의 주민으로서는 연말까지 굳이 세금을 내야 할 필요가 없었습니다. 그해 7월에 우리는 콜로라도주로 이사해 왔습니다. 연말이 되어서 나는 7개월 치의 소득세를 캔자스주에 내지 않았다는 것을 깨닫게 되었습니다. 처음에는 그냥 잊어버리자고 생각했습니다. 금액도 얼마 되지 않았기 때문에 캔자스주에서는 그 세금을 받겠다고 굳이 콜로라도까지 쫓아오지도 않았을 것입니다. 그러나 그때 성령께서는 이전에 암송했던 성경 말씀을 마음 가운데 떠오르게 해 주셨습니다. "모든 자에게 줄 것을 주되, 공세를 받을 자에게 공세를 바치고, 국세를 받을 자에게 국세를 바치고…"(로마서 13:7). 하나님께서는 내 마음속에, 하나님께 순종하여 캔자스주에 밀린 세금을 내야 한다는 확신을 심어 주셨습니다. 그날 하나님께서는 나에게 세금 문제에 대한 확신을 주셨으며, 그 이후로 이 확신은 계속해서 나의 행동에 결정적인 영향을 미치고 있습니다.

 이것이 우리가 확신을 키워 가는 방법입니다. 곧 하나님의 말씀을 구체적인 삶의 현장으로 옮겨 적용함으로써 그 상황에 맞는 하나님의 뜻을 분별하는 것입니다.

 성경에는 많은 인생 문제들이 다루어져 있어서, 그런 구절들을 암송하면 하나님의 뜻을 잘 알 수 있습니다. 예를 들어, 정직성에 관한 하나님의 뜻은 명확하게 기록되어 있습니다. "그런즉 거짓을 버리고 각각 그 이웃으로 더불어 참된 것을 말하라. 이는 우리가 서로 지체가 됨이니라.… 도적질하는 자는 다시 도적질하지 말고…"(에베소서 4:25,28). 성적인 부도덕에서 비롯되는 무절제에 관한 하나님의 뜻도 다음과 같이 분명하게 설명되어 있습니다. "하나님의 뜻은 이것이니 너희의 거룩함이라. 곧 음란을 버리고"(데살로니가전서 4:3). 이처럼 분명하게 언급되어 있는 문제들에 관해서는, 말씀에 순종하고자 하는 마음만 있다면 하나님의 뜻에 대한 확신을 키워 나가는 데 별 어려움이 없습니다.

그러나 성경에는 구체적으로 언급되어 있지 않은 문제들이 많습니다. 이런 문제들에 대해서는 어떻게 하나님의 뜻을 분별하며 또 확신을 키워 나갈 수가 있겠습니까?

몇 년 전 어느 친구가 '옳고 그름을 분별하는 기준'으로 사용하고 있는 방법을 한 가지 소개해 주었습니다. 그것은 고린도전서에 나오는 세 성경 구절을 근거로 해서 네 개의 질문을 해 보는 것입니다.

- "모든 것이 내게 가하나 다 유익한 것이 아니요"(고린도전서 6:12).
질문 1: 그것은 육체적, 영적, 정신적으로 유익한가?
- "모든 것이 내게 가하나 내가 아무에게든지 제재를 받지 아니하리라"(고린도전서 6:12).
질문 2: 그것은 나를 지배하고 있지 않는가?
- "그러므로 만일 식물이 내 형제로 실족케 하면, 나는 영원히 고기를 먹지 아니하여 내 형제를 실족치 않게 하리라"(고린도전서 8:13).
질문 3: 그것은 다른 사람에게 해가 되지는 않는가?
- "그러므로 너희가 먹든지 마시든지 무엇을 하든지 다 하나님의 영광을 위하여 하라"(고린도전서 10:31).
질문 4: 그것은 하나님을 영화롭게 하는가?

이 방법은 간단해 보일는지는 모르겠지만, 이 방법을 따를 마음만 있다면 확신을 힘 있게 펼쳐 나갈 수 있습니다. 이 질문들에 답하기 위해서는 꽤 많이 생각해 보아야 합니다. 그렇지만 우리의 모든 생활 영역에 걸쳐 거룩함을 추구해 나가기 위해서는 반드시 필요한 질문입니다.

몇 가지 대표적인 경우를 들어 이 원리를 적용해 보기로 합시다. 당신이 시청하고 있는 TV 프로그램을 예로 들어 봅시다. 그 프로그램들은 육체적으로나 영적으로나 정신적으로 유익합니까? 어떤 프로그램들에 대해서는 '예'라고 답할 수 있을지 모르겠지만, 솔직히 말해 '아니요'라고 대답할 수밖에 없는 프로그램들도 있을 것입니다. 그런 것들은 보지 말아야 합니다.

"그것은 나를 지배하고 있지 않는가?"라는 질문은 어떻습니까? 이 질문은 곧 음주나 마약 복용, 흡연과 같은 버릇을 연상시켜 주어 당신과는 관계가 없다고 생각할지도 모르겠습니다. 그러나 다시 TV 시청 문제를 가지고 생각해 봅시다. 당신을 '사로잡아' 계속해서 보지 않고는 못 배기게 하는 프로그램은 없습니까? 만약 있다면 그 프로그램이 당신을 지배하고 있는 것입니다. 예를 하나 더 들어 봅시다. 한때 청소년 국가대표 테니스 선수였던 어느 그리스도인 자매가 있었습니다. 그는 그리스도인이었는데도 테니스 외에는 아무런 삶의 의미도 찾지 못하고 오로지 테니스만을 위하여 살 만큼 테니스에 빠져 있었습니다. 그리스도의 제자로 따르는 삶에 대해 신중하게 생각하기 시작했을 때, 이 자매는 테니스가 그로 하여금 전적으로 그리스도를 따르지 못하게 하는 어떤 힘을 발휘하고 있다는 것을 깨달았습니다. 그래서 그는 그 힘을 끊어 버리기 위해 테니스 라켓을 아예 잡지 않기로 결심했습니다. 그를 사로잡아 끄는 힘이 완전히 사라져 버린 수년이 지난 다음에야 그는 홀가분한 마음으로 여가를 즐길 목적으로만 테니스를 다시 시작하게 되었습니다.

이 테니스 선수의 예를 통해서 우리는 중요한 사실을 깨달을 수 있습니다. 어떤 것이 죄가 되느냐 되지 않느냐를 결정하는 것은 활동 그 자체라기보다는 그 활동에 대한 우리의 반응이라고 볼 수 있을 것입니다. 확실히 테니스 그 자체는 도덕적인 관점에서 보아 선도 아니요 악도 아닌 것입니다. 별다른 문제가 없는 한 육체적으로는 유익이 됩니다. 그러나 그의 경우에는 테니스가 자신의 삶에서 우상이 되어 버렸기 때문에 그 자신에게는 죄가 되었던 것입니다.

이 테니스 선수에 관한 이야기를 가지고 그다음 문제에 대해서도 살펴보기로 합시다. "그것은 다른 사람에게 해가 되지 않는가?" 순전히 여가를 즐길 목적으로만 테니스를 하는 또 다른 그리스도인이 있어 이 자매에게 테니스를 하는 것이 조금도 잘못이 아님을 계속 주장했다고 생각해 봅시다. 따지자면 그 말도 맞긴 하지만, 그는 영적으로 어린 그 자매의 삶에 해를 가져다 줄 수도 있는 의견을 주장하고 있는 셈입니다. 엄밀하게 따져 도덕적으로 보아 선도, 악도 아닌 많은 활동들이 어떤 사람에게는 바람직하지 못한 과거에 대한 연상 작용을 일으키기 때문에 비록 한때일지라도 그에게 해를 끼치는 수가 있습니다. 그러므로 과거에 그런 경험을 가져 보지 못한 사람들은 이와 같이 죄악 된 과거에 대한 연상 작용을 일으킬 소지가 있는 사람들에 대해서 세심하게 배려해 주어야 합니다. 자칫 잘못하면 그들을 죄악 된 활동 가운데로 다시 빠져들게 만들 수도 있기 때문입니다.

그렇지만 하나님의 뜻을 확신하는 과정에서 그리스도인들끼리 서로 견해를 달리하는 경우에는 어떻게 해야 합니까? 바울은 로마서 14장에서 특정한 음식을 먹는 데 대하여 이 문제를 제기하고 있습니다. 그는 우리가 따라야 할 세 가지의 일반적인 원리를 제시해 주고 있습니다. 첫째, 우리와 서로 확신이 다르다고 해서 그를 판단해서는 안 됩니다(1-4절). 둘째, 우리의 확신이 어떤 것이든지 간에, 그것은 "주를 위하여" 곧 주님께 순종하는 마음으로부터 나온 것이어야 합니다(5-8절). 셋째, "주를 위하여" 나타낸 확신이 어떤 것이든지 간에 반드시 믿음으로 해야 합니다(23절). 만일 어떤 일에 자기의 확신을 따라 하지 않는다면, 다른 사람들은 그 일을 하는 데 완전한 자유를 누리고 있다 할지라도, 자기 자신은 죄를 범하고 있는 것입니다.

나는 주일을 어떻게 보내느냐 하는 문제로 몇 년 동안을 고심한 적이 있습니다. 처음에 나는 주일은 구별된 날이며 따라서 모든 활동들을 삼가야 한다고 배웠습니다. 그렇지만 얼마 후 진실된 그리스도인들 사이에도 주일을 어떻게 보내느냐 하는 문제에 대해 의견들이 서로 다르다는 것을 알았습니다. 로마서 14장의 원리를 문제에 적용시킨다면, 나는 무엇보다도 주일을 나와는 다르게 생각하고 있는 사람들을 판단하지 말아야 합니다. 그리고 둘째로는 나의 확신이 어떠하든지 간에, 그것은 하나님께서 나를 이끌어 가시는 길을 따라 순종하는 행동에서 나와야 합니다. 마지막으로, 자신의 확신을 계발한 다음에는, 다른 그리스도인들은 어떻게 하든지 간에, 자신의 확신을 어기는 일이 없도록 주의해야 합니다.

진지하게 거룩함을 추구해 나가는 가운데 우리가 반드시 다루고 넘어가야 할 질문이 있습니다. "나는 성경에 근거한 확신을 가지고 이 확신대로 살기를 원하고 있는가?" 바로 여기에서 마찰이 자주 생깁니다. 우리는 삶의 어떤 영역들에 대해서는 거룩함에 대한 하나님의 수준을 받아들이길 머뭇거립니다. 그렇게 하기 위해서는 우리가 마음에 내키지 않는 순종도 해야만 된다는 것을 알기 때문입니다.

이것은 우리가 몸의 행실을 죽이려고 할 때 반드시 길러야 할 두 번째 특성과 연관되어 있습니다. 그것은 곧 **결단**이라는 특성입니다. 예수님은 "이와 같이 너희 중에 누구든지 자기의 모든 소유를 버리지 아니하면 능히 나의 제자가 되지 못하리라"(누가복음 14:33)라고 말씀하셨습니다. 우리는 솔직하게 다음 질문에 답해 보아야 합니다. "나를 거룩함에 이르지 못하도록 방해하는 특정한 버릇이나 습관을 버리겠는가?" 바로 이 시점에서 우리는 대부분 결단을 내리지 못하고 실패합니다. 우리는 완전히 죄에 빠져들지는 않는 정도에서 조금은 죄를 즐기며 가까이하기를 더 좋아합니다.

우리는 "한 번만 더"라고 하는 증상을 가지고 있습니다. 즉, 눈길을 끌어 우리를 유혹하는 장면을 한 번만 더 본다든지, 식사량을 줄이기 전에 디저트를 한 번만 더 실컷 먹어 보고 싶어 한다든지, 성경공부를 시작하기 전에 TV 프로그램을 한 가지만 더 보겠다든지 하는 것들을 말합니다. 이런 것들 때문에 죄에 대해서는 "이제 그만!"이라고 말하게 되는 결단의 날이 자꾸만 뒤로 밀리고 있습니다.

나는 하나님께서 단것을 탐닉하는 나의 습성에 대해 말씀해 주셨던 때를 잘 기억하고 있습니다. 체중이 지나치게 많이 나가기 때문에 문제가 아니라, 단지 나오는 디저트마다 먹지 않고는 배기지 못하기 때문에 문제였습니다. 교회에서 파이 친목회가 있을 때마다 나는 늘 몇 번씩 드나들면서 파이를 먹는 사람 중의 하나였습니다. 크리스마스 잔치가 한창 무르익어 가고 있던 어느 아침, 상 위에 가득 쌓인 사탕, 과자, 과일 케이크를 바라보고 있던 바로 그때, 하나님께서는 이 문제를 내 마음속에 일깨워 주셨습니다. 나의 첫 반응은 다음과 같았습니다. "주님, 크리스마스가 끝날 때까지만 기다려 주십시오. 그 이후에는 이 문제를 해결하겠습니다." 나는 그날 바로 결단을 내리고 싶지 않았던 것입니다.

잠언에서는 사람의 눈은 결코 만족함이 없다고 말하였습니다(잠언 27:20). 한 번 더 본다고 해서 눈에 찰 리가 없으며, 파이를 한 조각 더 먹는다고 해서 만족함이 있을 수도 없습니다. 우리가 유혹을 이겨 내지 못하고 "예"라고 말할 때마다, 다음번에 "아니요"라고 말하기는 점점 어려워집니다.

우리는 계속해서 죄의 습관을 길러 왔다는 것을 인정해야 합니다. 자신에게 유익이 되는 경우라면 때로는 진실을 숨기는 버릇이 몸에 배었습니다. 아침 일찍 잠자리를 박차고 일어나지 못하는 것도 타성이 되어 버렸습니다. 이런 습관은 반드시 고쳐져야 합니다. 그러나 한 번도 예외를 두지 않는 거룩한 삶에 대한 전적인 결단이 없이는 이것이 불가능합니다.

사도 요한은 요한일서 2:1에서 "나의 자녀들아, 내가 이것을 너희에게 씀은 너희로 죄를 범치 않게 하려 함이라"라고 썼습니다. 그는 편지를 쓴 목적이 우리로 죄를 범치 않게 하려는 데 있다고 말합니다. 어느 날 나는 이 부분을 공부하면서 거룩함에 관한 내 개인 생활의 목표가 이보다 못하다는 것을 깨달았습니다. 사실상 요한은 "죄를 전혀 짓지 않는 것을 목표로 하라"라고 말하고 있습니다. 이에 비해서 실제로 내 마음속 깊은 곳에 자리 잡고 있던 나의 목표는 죄를 많이 짓지 말자는 데 있었다는 것을 깨달았습니다. "예, 주님, 이제부터는 죄를 전혀 짓지 않는 것을 목표로 하겠습니다"라고 말하기가 쉽질 않았던 것입니다. 그날 나는 하나님께서 이전에 내가 자진하여 내렸던 거룩함을 위한 결단보다 더 깊은 수준의 거룩함을 향한 결단을 촉구하고 계시다는 것을 깨달았습니다.

전장에 나가면서 '부상을 덜 입기' 바라는 군인을 생각할 수 있습니까? 질문 자체가 우습습니다. 물어 보나마나 전혀 부상을 입지 않기를 바랄 것입니다. 우리가 거룩한 삶에 대한 결단에 단 한 가지라도 예외를 둔다면, 전장에 나가면서 부상을 덜 입기만을 바라는 군인과 다를 바가 없습니다. 우리의 바라는 바가 그 정도밖에 안 된다면 우리는 틀림없이 다치게 될 것입니다. 총탄이 아닌 계속되는 유혹탄으로 부상을 입고 말

것입니다.

초창기 미국 역사의 한 페이지를 장식했던 위대한 설교가의 한 사람이었던 조너선 에드워즈는 결단을 자주 내리곤 했습니다. 그가 했던 한 가지 결단은 다음과 같습니다. "내 생애의 마지막 순간에 하기가 꺼려지는 일이라면, 지금도 절대로 하지 않기로 결단한다." 오늘날을 살아가고 있는 우리 그리스도인들도 과감히 이러한 결심을 하고 있습니까? 예외를 두지 않고 거룩함을 추구해 나가려는 결단을 우리도 기쁘게 내리고 있습니까? 그러한 결단이 없이 유혹으로부터 승리할 수 있도록 기도하는 것은 아무런 의미가 없습니다.

유혹에 대해서 '아니요'라고 말하는 것을 배움으로써만 우리는 우리 몸의 행실을 죽일 수 있습니다. 이것을 배우는 것은 많은 실패가 수반되는 느리고 고통스러운 과정입니다. 우리 육체의 소욕과 죄의 습관은 쉽사리 없앨 수가 없습니다. 그것들을 깨뜨리기 위해서는 잦은 실패에 부딪힐지라도 계속해서 밀고 나가야 합니다. 그러나 아무리 고통스럽다 할지라도, 이것은 우리가 반드시 밟아 나가야 할 길입니다.

10
개인적인 경건의 훈련

망령되고 허탄한 신화를 버리고
오직 경건에 이르기를 연습하라.
디모데전서 4:7

거룩한 삶에 대한 확신을 가질 수도 있고, 또한 그러한 삶을 목표로 하겠다는 확고한 결단까지도 내리지만, 그래도 거룩한 삶은 이루어지지를 않습니다. 인생은 깨어진 결심 쪼가리들 천지입니다. 우리는 하나님의 은혜를 힘입어, 음란한 생각을 즐긴다든지 다른 형제를 비난한다든지 따위의 죄의 습관들을 버려야겠다고 결심할 수 있습니다. 그렇지만 안타깝게도 우리는 너무나 자주 실패하고 맙니다. 우리는 그처럼 갈망하고 있는 거룩함에 아무런 진보도 나타내지를 못합니다.

제이 애덤스는 그 문제를 이렇게 지적하고 있습니다. "여러분은 '즉각적으로 경건에 이르는 길이 없을까' 하고 찾아 나서 본 적이 있을지도 모르겠습니다. 그런 길은 없습니다. 예를 들자면, 쉽게 경건에 이를 수 있는 몇 단계를 아는 사람이 있어서, 그에게 그 단계들을 배워 다음 주까지 실천하기만 하면 경건해질 수 있기를 기대합니다. 그러나 그런 식으로 해서 경건해질 수는 없다는 데 문제가 있습니다."

이어서 애덤스는 그리스도인이 경건에 이를 수 있는 길은 훈련밖에는 없다는 것을 보여 줍니다. 그러나 오늘날 사회에서 통용되고 있는 훈련의 개념에는 의문의 여지가 많습니다. 그것은 그리스도 안에 있는 자유를 강조하는 개념에 반대되는 의미로서 때로 엄한 율법주의의 냄새를 풍기기조차 합니다.

그러나 바울은 우리에게 경건에 이르기를 연습하라고 합니다(디모데전서 4:7). 그는 그리스 운동선수들이 받았던 육체적인 훈련을 연상하면서 이 말을 하고 있습니다. 바울은 또한 "이기기를 다투는 자마다 모든 일에 절제(훈련)하나니"(고린도전서 9:25)라고도 말했습니다. 그는 이러한 태도를 가지고 살았으며, 모든 그리스도인들이 다 이러한 삶의 태도를 가지고 살아야 한다고 말했습니다(고린도전서 9:24-27). 운동선수는 잠깐 있다가 사라져 버릴 상을 얻기 위해서 자신의 몸을 쳐서 복종시키는데, 하물며 영원히 썩지 않을 면류관을 얻기 위해서라면 우리 그리스도인들은 더욱 자신을 쳐서 훈련하는 삶을 살아야 마땅합니다.

이 구절들이 말해 주듯이, 훈련이란 조직적인 연습입니다. 웹스터 사전에서는 훈련을 "정신 능력이나 인격을 바르게 가다듬고 갈고 닦아 온전하게 하는 연습"이라고 정의하고 있습니다. 거룩함을 추구해 나가기 위해 우리가 반드시 해야 할 일은 바로 이것입니다. 우리는 우리의 인격을 바르게 가다듬고 갈고 닦아 온전하게 만들어 나가야 합니다.

거룩함을 위한 훈련은 하나님의 말씀을 통해 시작됩니다. 바울은 "모든 성경은 하나님의 감동으로 된 것으로 교훈과 책망과 바르게 함과 의로 교육하기에 유익하니"(디모데후서 3:16)라고 했습니다. 이 구절 마지막 부분에서 그는 성경이 우리를 의로 교육(훈련)한다고 말합니다. 이것은 우리가 성경 말씀을 사용할 때, 그 말씀이 우리를 위해서 해 주는 일을 가리킵니다. 제이 애덤스는 "자원함으로 기도하는 마음 가운데, 성경 말씀을 지속적으로 순종해 나감으로써 우리는 경건한 삶의 양식을 몸에 배도록 발전시킬 수 있습니다"라고 말했습니다.

성경은 다음과 같이 말합니다. "너희는 유혹의 욕심을 따라 썩어져 가는 구습을 좇는 옛사람을 벗어 버리고, 오직 심령으로 새롭게 되어 하나님을 따라 의와 진리의 거룩함으로 지으심을 받은 새사람을 입으라"(에베소서 4:22-24). 우리는 이러한 가르침을 어디에서 받습니까? 오직 하나님의 말씀 가운데서 받습니다. 그러므로 거룩함을 위한 훈련은 하나님의 말씀을 통하여 시작됩니다. 다시 말하면 정기적으로 하나님의 말씀을 섭취하고 그것을 매일의 생활에 적용해 나가기 위한 훈련 계획으로부터 출발합니다.

여기에서 우리가 성령과 함께해 나가야 된다는 사실은 매우 분명해집니다. 성령과 우리의 상호 협력 관계를 표로 나타내면 다음과 같습니다.

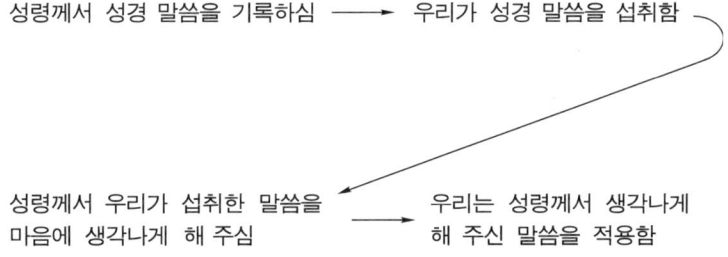

성령께서는 우리를 훈련하는 성경 말씀을 우리에게 주심으로써 그가 하셔야 될 대부분의 일을 이미 다 마치셨습니다. 그러므로 우리가 그 말씀들을 섭취하기만 하면, 우리가 유혹을 받아 그 말씀들을 필요로 할 때

성령께서 신실하게 우리의 마음 가운데 생각나게 해 주십니다. 우리가 말씀을 일상생활에 적용해 나가려고 할 때, 성령은 우리 안에서 역사하시며 우리에게 힘을 주십니다. 그러나 성령께서 더 많은 일을 해 주시기를 바란다면 우리는 성령께서 이미 이루어 주신 것들에 반드시 응답하여야 합니다.

그러므로 우리는 하나님의 말씀을 정기적인 건강식으로 섭취할 수 있도록 생활을 훈련해야 합니다. 날마다 성경을 읽고 공부할 시간이 미리 계획되어 있어야 합니다. 거룩함에 진보를 보이는 그리스도인들은 예외 없이 정기적으로 성경에 시간을 드리는 삶을 훈련해 온 사람들입니다. 절대로 다른 길은 있을 수 없습니다.

이때 사탄은 언제나 우리에게 시비를 걸어옵니다. 그는 항상 아침에는 너무 졸리지 않냐, 낮에는 너무 바쁘지 않냐, 밤에는 너무 피곤하지 않냐는 식으로 우리를 설득하려고 합니다. 하나님의 말씀에 드릴 수 있는 적절한 시간이란 도무지 없는 것 같습니다. 이것은 곧 우리가 일상생활 계획 가운데 이 시간을 따로 떼어 두는 훈련을 해야만 된다는 것을 의미합니다. 내게는 아침 식사 전 이른 아침 시간이 성경을 읽고, 관심사와 필요 영역들에 대하여 기도하기에 가장 좋습니다. 그 시간은 또한 내가 매일 빠뜨리지 않고 계속하는, 중요한 운동인 조깅을 할 수 있는 유일한 시간이기도 합니다. 아침 식사 전에 이런 것들을 다 하기 위해서는 다섯 시에는 일어나야 합니다. 또한 나는 매일 일곱 시간 정도는 자야 하기 때문에, 밤 열 시에는 불을 끄고 잠자리에 들어야 합니다. 그렇게 하기가 쉽지는 않습니다. 이것은 저녁 시간 사용을 훈련해야만 가능한 일입니다.

가정주부들 가운데는 아침 식사 전에 이런 시간을 가지는 것이 실제적으로 불가능한 사람들도 있을 것입니다. 특히 어린아이가 있거나, 아침 일찍 식구들의 출근이나 등교 준비를 해야 하는 주부의 경우는 더욱 그렇습니다. 이런 경우엔 아침 식사 직후가 하나님과 교제하는 시간으로 보내기에 가장 좋습니다. 하루 일과가 줄을 서서 기다리고 있는 상황이라 이것 또한 시간을 내기 위해서는 훈련이 필요합니다.

아침 식사 전이든 후든, 아침이든 저녁이든, 중요한 것은 반드시 이처럼 날마다 하나님의 말씀을 섭취하기 위한 계획이 있어야 한다는 것입니다.

하나님의 말씀을 섭취하기 위한 훈련에는 계획된 시간뿐만 아니라 계획된 방법도 있어야 합니다. 하나님의 말씀을 섭취하는 방법으로는 보통 네 가지를 들 수 있습니다. 즉, 영적 지도자들이 가르치는 말씀을 듣고(예레미야 3:15), 스스로 성경을 읽고(신명기 17:19), 성경을 깊이 있게 공부하고(잠언 2:1-5), 중심되는 구절들을 암송하는(시편 119:11) 것입니다. 하나님의 말씀을 균형 있게 섭취하기 위해서는 이 모든 방법들이 다 필요합니다. 목회자는 전체 회중을 가르치는 일을 위하여 하나님으로부터 은사를 받고 훈련을 받습니다. 성경 읽기를 통해서는 거룩한 진리의 전반적인 개요를 파악할 수 있으며, 어떤 구절이나 주제를 공부함으로써 한 특정한 진리에 대하여 보다 깊이 파고들 수 있습니다. 암송은 중요한 진리들을 마음에 새겨 생활에 적용해 갈 수 있도록 도와줍니다.

그러나 훈련을 통하여 거룩함을 추구하기 위해서는 듣고, 읽고, 공부하고, 암송하는 것만으로는 충분하지 않습니다. 그 말씀을 묵상해야 합니다. 여호수아를 이스라엘의 지도자로 세우시면서 하나님께서는 그에게 이렇게 말씀하셨습니다. "이 율법책을 네 입에서 떠나지 말게 하며 주야로 그것을 묵상하여 그 가운데 기록한 대로 다 지켜 행하라. 그리하면 네 길이 평탄하게 될 것이라. 네가 형통하리라"(여호수아 1:8). 말씀을 묵상한다는 것은 그 말씀에 대하여 생각하며, 마음속에서 이모저모 살펴보고, 실제 생활에 적용하는 것을 말합니다. 실제로 성경 말씀을 묵상하는 사람이 별로 많지 않습니다. 묵상이라는 말은 어쩐지 중세기 수도원의 수도사들이나 하던 것처럼 들립니다. 그러나 이스라엘군의 총사령관으로 무척 바빴던 여호수아도 주야로 말씀을 묵상하라는 명령을 받았습니다.

하나님의 말씀을 가지고 생각하고 그것을 생활에 적용하는 묵상의 습관은 훈련을 통해서 기를 수 있습니다. 대부분의 사람들은 이것을 할 만한 시간이 없다고 생각할지도 모르겠지만, 그러한 습관을 기를 마음만 먹는다면 하루 동안에도 묵상할 수 있는 시간들은 얼마든지 있습니다.

나는 매일 출퇴근하는 길이나 다른 일로 차를 몰고 다니는 시간이면 꼭 라디오를 틀어 놓고 뉴스를 즐기는 뉴스광에 가깝습니다. 어느 날 나는 바로 그러한 시간을 이용하여 성경 구절을 묵상하는 한 친구를 보고 자극을 받았습니다. 나도 지금은 하루에 상당히 많은 조각 시간들을 성경 구절 묵상에 들이며 그것들을 생활에 적용할 수 있다는 사실을 깨닫고 놀라움을 금치 못하고 있습니다. 여러분은 출퇴근 시, 나처럼 그렇게 좋은 기회가 없을지도 모르겠습니다만, 기도하는 가운데 깊이 생각해 보면 여러분도 여러분 나름대로의 좋은 기회를 포착할 수가 있을 것입니다.

묵상의 목적은 적용, 곧 말씀에 순종하는 것입니다. 이것 또한 훈련을 요구합니다. 말씀에 순종하기 위해서는 생활 양식을 바꾸어야 할 때가 많습니다. 우리는 본성이 죄악 되기 때문에 흔히 버릇이라고 부르는 죄의 습성을 키워 왔습니다. 그러한 버릇을 깨뜨리기 위해서는 훈련이 필요합니다. 어떤 소년이 야구를 배우는데, 만일 타격하는 자세를 잘못 익혔다면 단번에 그 자세를 바꿀 수가 없습니다. 그는 이미 어떤 일정한 습관을 키워 왔기 때문에 그것을 깨뜨리고 새로운 습관을 형성해 나가기 위해서는 많은 훈련, 곧 많은 교정과 연습이 필요합니다.

마찬가지로 하나님께 불순종하는 우리의 습관도 오랜 세월에 걸쳐 형성되어 왔기 때문에 훈련이 없이는 쉽게 고쳐지지 않습니다. 훈련은 이를 악물고 "이젠 절대로 그렇게 하지 않을 테다"라고 말하는 것을 뜻하지는 않습니다. 오히려 훈련이란 조직적이고 계획적인 연습을 의미합니다. 정기적으로 성경을 읽고 공부하기 위한 방법이 필요한 것과 마찬가지로 하나님의 말씀을 실제 생활에 적용하기 위한 방법도 필요합니다.

성경을 읽거나 공부할 때, 또 하루 종일 말씀을 묵상할 때마다 다음 세 가지 질문을 자신에게 던져 보십시오.

1. 이 구절은 거룩한 삶을 위한 하나님의 뜻에 관해서 무엇을 가르치고 있는가?
2. 이 말씀에 비춰 볼 때 나의 삶의 수준은 어느 정도인가? 특히 어디에서 어떻게 잘못되어 있는가? (일반적으로나 막연하게 답하지 말고, 구체적으로 답하십시오.)
3. 이 말씀에 순종하기 위해서 내가 구체적으로 취해야 할 조치는 무엇인가?

이 과정에서 가장 중요한 것은 어떤 구체적인 상황에 대한 하나님의 말씀의 구체적인 적용입니다. 구체적인 행동을 결단한다는 것이 마음을 편치 않게 만드는 수도 있기 때문에 우리는 모호하게 적용하려는 경향이 있습니다. 그러나 우리는 막연하게 순종하겠다는 일반적인 결단이 아니라 구체적인 상황 속에서 구체적으로 순종할 것을 목표로 해야 합니다. 진리를 아는 지식에서 자라 가되 구체적인 행함이 없으면 자신의 영혼을 속이고 있는 것입니다(야고보서 1:22). 이렇게 되면 영적으로 교만해질 수도 있습니다(고린도전서 8:1).

가령 당신이 위대한 사랑의 장인 고린도전서 13장을 묵상하고 있었다고 해 봅시다. 그 장에 대해서 생각하면서 당신은 사랑의 중요성을 깨닫고 사랑의 실제적인 모습들을 보게 됩니다. 사랑은 오래 참고, 사랑은 온유하며, 투기하지 아니합니다. 당신은 스스로 질문해 봅니다. "내가 참지 못하거나, 온유하지 못하거나, 질투한 사람은 없는가?" 가만히 생각해 보니, 직장에서 모든 행운을 다 잡고 있는 것처럼 보이는 잭을 시기하고 있다는 것을 깨닫게 됩니다. 당신은 잭과 그의 행운에 대한 당신의 잘못된 태도를 구체적으로 들어 가며 이 죄를 하나님께 자백합니다. 그리고 그를 더욱 축복해 주시며, 또 당신에게 만족할 줄 아는 마음을 주셔서 그를 더 이상 시기하지 않고 사랑할 수 있게 해 달라고 하나님께 기도합니다.

당신은 고린도전서 13:4 말씀을 암송하고 직장에서 잭을 볼 때마다 이 말씀에 대해 생각할 수 있습니다. 심지어 그를 도와줄 수 있는 일은 없을까 하고 찾아보기도 합니다. 다음 날에도 그리고 또 그다음 날에도 계속 이것을 반복함으로써 드디어 당신은 하나님께서 당신의 마음속에 잭을 향한 사랑의 마음을 불러일으켜 주시는 것을 경험하게 됩니다.

이것이 거룩함을 향한 훈련입니다. 이처럼 체계적인 계획이 없이는 잭을 향한 시기심을 결코 제거할 수 없을 것입니다. 그러한 계획을 일컬어 우리는 훈련이라고 합니다.

거룩함에 이르기 위한 이 같은 조직적인 훈련은 일생에 걸쳐 행해 나가야 할 과정이라는 것을 당신은 곧 알 수 있을 것입니다. 그러므로 인내는 훈련의 필수적인 요소입니다.

육체적, 정신적, 영적인 모든 연습의 특징은 맨 처음에는 실패로 끝난다는 것입니다. 성공하는 경우보다 실패하는 경우가 더 많습니다. 그러나 참고 인내하면, 점차 우리는 진보를 이루어 실패보다 성공하는 경우가 더 많아집니다. 우리가 어떤 특별한 죄의 행실을 죽이고자 노력할 때도 이것은 사실입니다. 처음에는 아무런 진보도 나타나지 않는 것 같아 실망해서 '아무 소용이 없구나! 나는 결코 이 죄를 이길 수 없나 보다'라고 생각하게 됩니다. 사탄은 바로 이런 생각을 노리고 있습니다.

바로 이 시점에서 우리에게는 인내의 연습이 필요합니다. 우리는 늘 곧장 성공하기를 원하지만 거룩함은 그런 식으로 얻어지지는 않습니다. 우리 죄의 습관이 하룻밤 사이에 생기지 않았듯이 하룻밤 사이에 없어지지도 않습니다. 삶에 어떤 변화가 나타나기를 원한다면 꾸준히 나아가야 하며 그렇게 하기 위해서는 인내가 필요합니다.

죽음을 바로 눈앞에 둔 시점에 행하기가 꺼려지는 일이라면, 평소에도 절대로 하지 않겠다고 결단했던 조너선 에드워즈는 또한 다음과 같은 결단도 했습니다. "아무리 실패한다 할지라도, 나는 죄와의 싸움에서 결코 포기하거나 고삐를 조금도 늦추지 않겠다." 얼른 보면 이 두 결단은 조금 모순되는 듯이 여겨집니다. 만일 에드워즈가 일찍이 해서는 안 될 것이라면 아무것도 하지 않겠다고 결단했다면, 아무리 실패해도 그 싸움을 그만두지 않겠다고 재차 결단할 까닭이 어디에 있습니까? 첫 번째 결단을 이행하는 데 신실하지 못했단 말입니까? 아닙니다. 그는 신실하게 그의 결단을 이행하지만, 또한 많은 실패가 있다는 것과, 따라서 인내가 필요하다는 것을 알았습니다. 그래서 그는 먼저 거룩한 삶을 추구하기로 결단했고, 이어서 실패가 찾아올 것이라는 것도 알았지만 계속 인내하기로 결단했습니다.

내가 죄와의 싸움에서 넘어질 때, 종종 사용하는 성경 구절은 잠언 24:16입니다. "대저 의인은 일곱 번 넘어질지라도 다시 일어나려니와,

악인은 재앙으로 인하여 엎드러지느니라." 거룩함에 이르는 훈련을 하는 사람은 수없이 넘어지지만 포기하지 않습니다. 넘어질 때마다 다시 일어나서 싸움을 계속합니다. 불의한 사람은 그렇지 않습니다. 그는 그의 죄에 걸려 넘어져 포기해 버리고 맙니다. 그의 안에는 하나님의 영이 계시지 않기 때문에 죄를 이길 수 있는 힘이 없습니다.

성경에서 우리가 가장 많은 어려움을 느끼는 장들 중의 하나가 바로 로마서 7장입니다. 그리스도인들은 언제나 '로마서 7장을 벗어나 8장으로 가려고' 노력하고 있습니다. 로마서 7장을 좋아하지 않는 이유는 이 장이 죄와 싸우고 있는 우리 자신의 모습을 너무나 정확하게 비춰 보여 주고 있기 때문입니다. 또한 우리는 죄와 싸워야 된다는 생각도 좋아하지 않습니다. 우리는 즉시 승리하기를 원합니다. 우리는 '성령 안에서 행하며 그가 승리를 성취하시기'를 원합니다. 그러나 하나님은 거룩함을 위한 훈련에 우리가 인내하기를 원하십니다.

"원하는 이것은 행치 아니하고 도리어 미워하는 그것을 함이라"(로마서 7:15)와 같은 바울의 말은 성령 안에서 행하는 그리스도인들에게는 너무 심한 표현이 아니냐고 생각하는 사람들도 있습니다. 그러나 그리스도인이라면 누구나 종종 이러한 경험을 합니다. 성경 말씀을 통하여 우리에게 나타내 보여 주시는 하나님과 그의 법의 거룩함을 보면 볼수록, 실제로는 우리가 그 거룩함으로부터 얼마나 먼 거리에 있는가를 깨닫게 될 뿐입니다.

이사야는 하나님의 계명을 따라 의로운 삶을 살았던 하나님의 선지자였습니다. 그러나 거룩함 가운데 계신 주 하나님을 뵈었을 때, 그는 이렇게 부르짖지 않을 수 없었습니다. "화로다 나여, 망하게 되었도다. 나는 입술이 부정한 사람이요, 입술이 부정한 백성 중에 거하면서 만군의 여호와이신 왕을 뵈었음이로다"(이사야 6:5).

하나님의 거룩함을 아는 지식에 자라 감에 따라 거룩함의 실천에도 진보가 있기는 하지만, 우리의 지식과 행함 사이의 간격은 갈수록 더 벌어지는 것 같습니다. 이것이 성령께서 우리를 더욱더 거룩함에 이르도록 이끌어 가시는 방법입니다. 이것을 도표로 나타내면 다음과 같습니다.

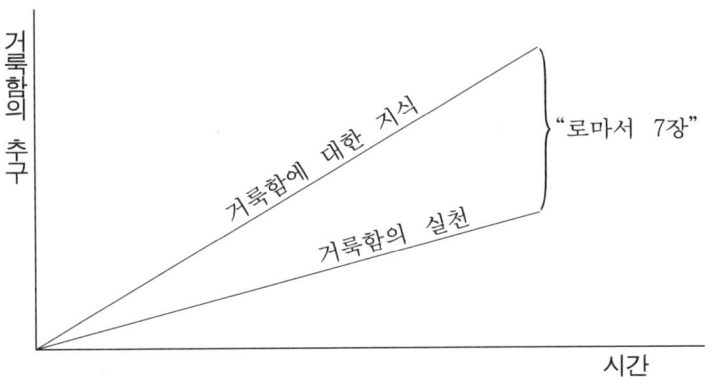

거룩함에 진보가 있을 때 우리는 죄를 미워하게 되며(시편 119:104), 하나님의 법을 즐거워하게 됩니다(로마서 7:22). 우리는 하나님의 법이 완전하며, 그가 우리에게 요구하신 모든 것들이 다 옳다는 것을 알게 됩니다. 우리는 '그의 계명들은 무거운 것이 아니라'(요한일서 5:3), '거룩하며 의로우며 선하다'(로마서 7:12)는 사실에 동의합니다. 그렇지만 이런 때에도 우리 자신의 마음은 타락하고 자주 죄 가운데 빠지게 되는 것을 봅니다. 그래서 우리는 바울과 같이 "오호라, 나는 곤고한 사람이로다"(로마서 7:24)라고 탄식하며 포기해 버리고 싶어 합니다. 하지만 차마 그렇게 하지는 못합니다. 거룩함을 추구하는 일에 성공하기를 원한다면 실패를 무릅쓰고 인내로써 계속해 나가야 합니다.

11
몸의 거룩함

내가 내 몸을 쳐 복종하게 함은
내가 남에게 전파한 후에
자기가 도리어 버림이 될까 두려워함이로라.
고린도전서 9:27

참된 거룩함 속에는 우리의 몸과 그 욕구를 쳐서 복종시키는 것이 포함됩니다. 거룩함을 추구해 나가려면 우리의 몸이 성령의 전이며 그 몸으로 하나님께 영광을 돌려야 한다는 사실을 반드시 인정해야 합니다.

오늘날의 그리스도인들, 특히 그중에서도 서구화된 문화권에 살고 있는 사람들은 일반적으로 몸을 거룩하게 하는 일이 잘되지 않고 있습니다. 예를 들어, 초기 그리스도인들은 과식이나 게으름을 죄로 여겼습니다. 그러나 오늘날에는 이런 것들을 의지가 약하다고 볼 뿐, 죄라고 보지는 않습니다. 우리는 과식이나 기타 무절제에 대해서 하나님 앞에 나아가 자백하고 회개하며 부르짖을 생각은 않고 오히려 농담 거리로 삼는 일조차 있습니다.

우리의 몸과 그 욕구는 하나님께서 창조하신 것이며, 그 자체는 무슨 죄가 되는 것이 아닙니다. 그러나 그대로 방치해 두면, 우리의 몸은 "의의 병기"가 아니라 "불의의 병기"가 되고 맙니다(로마서 6:13). 그렇게 되면 계속해서 거룩함보다는 "육신의 정욕"(요한일서 2:16)을 추구합니다. 우리 자신을 자세히 눈여겨보면 너무나 자주 다음과 같은 잘못에 빠지는 것을 볼 수 있습니다. 단지 육신의 욕구를 채우기 위해서 먹고 마신다거나, 아침이면 잠자리에서 벌떡 일어나야 되는데도 불구하고 단지 일어나고 싶지 않다는 이유로 그대로 계속 누워 있다든지, 우리 안에 자리하고 있는 죄로 얼룩진 성적 충동을 만족시키기 위해서 안목의 정욕과 음란한 생각에 사로잡힌다든지 하는 경우가 빈번합니다.

미셸 쿠아는 그의 저서에서 다음과 같이 이야기했습니다. "만일 몸이 모든 결정을 하고 제반 명령을 내리며, 당신은 이에 복종하고 있다면, 육신은 능히 인격의 다른 제반 요소들을 삼켜 버리고 말 것입니다. 정서는 무디어질 것이며, 영적인 삶은 질식당해 결국 영적인 빈혈 상태에 빠지게 될 것입니다." 200여 년 전 수재나 웨슬리는 이렇게 썼습니다. "마음을 지배하도록 몸에 힘과 권위를 더해 주는 것이 있다면 그것이 무엇이든 간에 죄입니다."

사도 바울은 본능적인 욕구와 욕망을 다스려 나가야 할 필요성을 강조했습니다. 그는 자신의 몸을 가만 내버려 두게 되면 욕구와 탐욕을 인하여 영혼을 거슬러 싸우는 도구가 된다고 말했습니다(고린도전서 9:27). 그는 이러한 욕구를 가진 몸을 주인이 아니라 종이 되게 해야겠다고 결심했습니다.

바울은 더 나아가 우리의 몸을 하나님이 기뻐하시는 거룩한 산제사로 드리며, 이 세대를 본받게 하지 말라고 촉구했습니다(로마서 12:1-2). 오늘날 복음적인 그리스도인들 가운데서도 자신의 몸을 거룩한 산제사로 드리지 않고, 더 나은 분별력과 우리 그리스도인이 살아야 될 삶

몸의 거룩함 115

의 목표도 무시한 채 방종과 탐닉에 방치하는 사람들이 있는데, 이것이야말로 이 세대를 가장 크게 본받고 있는 것입니다.

나는 여기서, 이른바 '체중 문제'를 가지고 있는 사람들만을 향해서 말하고 있는 것은 아닙니다. 실패하면서도 식욕을 조절하기 위해 노력하는 사람보다, 많이 먹어도 체중이 늘지 않는 사람이 오히려 먹기를 더 탐하거나 몸의 욕구에 빠지는 죄를 지을 수 있습니다. 한편, 몸무게가 지나치게 많이 나가는 사람은 체중 조절 실패에 대하여 변명을 해서도 안 됩니다. 우리는 모두 우리 몸이 성령의 전이라는 사실을 인정하는 가운데, 먹든지 마시든지 하나님의 영광을 위하여 하고 있는지 스스로 살펴보아야 합니다.

과식하는 것을 엄격히 통제해야 하는 또 다른 이유는, 지나치게 먹게 되면 몸의 또 다른 죄악을 억제하기가 더욱더 어려워지기 때문입니다. 먹는 욕구에 굴복하는 습관은 언제나 다른 영역에까지 확산되어 나갑니다. 무절제한 식욕을 제어하지 못하면, 정욕적인 생각도 물리치기 어려워집니다. 어느 한 영역의 죄를 성공적으로 이겨내기 위해서도 모든 영역에 걸쳐 열심히 순종하는 태도가 필요합니다. 토머스 보스턴은 이렇게 말했습니다. "자신을 깨끗하게 지키고자 하는 사람은 자신의 몸을 복종시켜야 합니다. 그렇게 하기 위해서 어떤 경우에는 거룩한 폭력이 필요할지도 모릅니다."

바울은 음란, 부정, 사욕, 악한 정욕과 같은 몸의 죄를 이야기하면서 탐심에 대해서도 언급했는데, 탐심은 우상 숭배라고 말하고 있습니다(골로새서 3:5). 탐심은 종종 돈 자체를 사랑하는 기본적인 형태로 나타나기도 하지만, 물질주의라고 하는 형태로 더 자주 나타납니다. 우리들 가운데 굉장한 부자가 되고 싶어 하는 사람은 그리 많지 않습니다. 우리는 그저 우리를 둘러싸고 있는 세상이 중요하게 여기고 있는 좋은 것들을 모두 다 가지고 싶어 할 따름입니다.

우리 영혼에 대한 물질주의의 도전은 이중적인 양상으로 나타납니다. 첫째로, 그것은 우리로 만족하지 못하게 하고 다른 사람들을 부러워하게 만듭니다. 둘째로, 우리 몸의 욕구에 탐닉하게 함으로써 우리를 연약하고 나태해지게 만듭니다. 몸이 연약하고 나태해지게 되면 영적으로도 나태해지게 마련입니다. 바울이 남에게 전파한 후에 자기가 도리어 버림이 될까 두려워 자신의 몸을 쳐서 복종케 했다고 말한 것은 육체적인 면이 아니라 영적인 면에서 버림을 당할까 봐 두려워했다는 것을 의미했습니다. 그는 육체적으로 유약하면 반드시 영적으로도 유약해진다는 것을 잘 알았던 것입니다. 몸이 방종과 탐닉에 빠지면 몸의 본능과 충동이 주도권을 쥐고 생각과 행동을 지배합니다. 육신의 소욕을 좇게 될 때, 우리는 마땅히 해야 할 것들보다는 우리가 하고 싶은 것들을 하려고 합니다.

거룩함을 추구해 나가는 훈련 과정에 몸이 나태하고 방종에 빠진다는 것은 있을 수가 없습니다. 우리는 순간적인 욕망 앞에 계속해서 무릎을 꿇을 게 아니라, 그러한 몸의 욕망을 거부하는 것을 배워야 합니다. 우리는 감정을 따라 움직이는 경향이 있습니다. 우리가 마땅히 해야 할 일임에도 불구하고 하고 싶지 않다고 '느끼는' 때가 많다는 데에 문제가 있습니다. 아침 시간에 하나님과 교제하기 위해서는 잠자리에서 일어나야 되는데도 일어나고 싶지 않다든지, 또는 성경공부를 하고 싶지 않다든지, 기도를 하고 싶지 않다고 느끼는 것입니다. 바로 이 같은 이유 때문에, 우리는 우리의 몸을 쳐서 복종하게 함으로써 몸이 우리를 지배하지 않도록 해야 합니다.

불같은 정욕을 제어하기 위한 출발점은 유혹을 피하는 것입니다. 죄를 갈망하는 마음은 유혹에 의해 더 강해집니다. 적당한 유혹이 주어지면 우리의 갈망은 새로운 힘과 기운을 얻게 되는 것 같습니다. 이 점에 관해 바울은 우리에게 분명한 지침을 주었습니다. 그는 우리에게 "청년의 정욕을 피하고"(디모데후서 2:22)라고 말했습니다. 어떤 유혹들은 피하는 것이 이길 수 있는 가장 좋은 방법입니다. 그는 또한 "오직 주 예수 그리스도로 옷 입고, 정욕을 위하여 육신의 일을 도모하지 말라"(로마서 13:14)라고 말했습니다. 정욕에 빠질 수 있는 길을 마련한다든지 계획하지 마십시오.

몇 년 전 나는 아이스크림을 지나치게 좋아한다는 사실을 깨닫게 되었습니다. 물론 아이스크림 자체에 무슨 잘못이 있는 것은 아니었습니다. 문제는 내가 그것을 지나치게 좋아해 탐닉하게 되었다는 데 있었습니다. 그 문제를 아내에게 이야기했더니, 아내는 그때부터 냉장고에 아이스크림을 넣어 놓지 않았습니다. 아내는 아이스크림 공급을 중단함으로써 나의 특별한 욕망이 지나쳐 죄가 될 만큼 자라지 못하게 도와주려 했던 것이었습니다. 몇 년 전 나는 또한 어떤 잡지 구독을 취소한 적이 있습니다. 그 까닭은 거기에 나오는 일부 기사들이 내 마음속에 있는 불결한 생각들을 자극한다는 사실을 알았기 때문입니다.

우리는 유혹을 피해야 하며, 그렇게 하기 위해서는 적극적인 조치를 취해야 합니다. 우리는 또 육신의 정욕을 어떻게 만족시킬까 하는 생각으로부터도 벗어나야 합니다. "슬기로운 자는 재앙을 보면 숨어 피하여도, 어리석은 자들은 나아가다가 해를 받느니라"(잠언 27:12).

우리는 또한 우리에게 있는 죄의 욕망들과, 그것들이 어떻게 우리를 대적하는지에 대해서도 연구해야 합니다. 존 오웬은 "죄가 활개를 치는 방법, 계략, 수단, 여건 등에 대해서 자세히 살펴보는 것이 이 싸움의 시작이다"라고 말했습니다. 미리 생각해 보십시오. 놀랍게도 우리는 어떻게 대처할 것인지 아무런 계획이나 결심도 없이 이미 알고 있는 유혹속으로 빠져드는 경우가 너무나 많습니다. 여러분도 나처럼 단것이라면 꼼짝하지 못하는 약점이 있다면, 단 음식이 나오는 모임에 반드시 참석해야 할 경우 어떻게 할 것인지 미리 계획을 세우십시오. 수년 전, 그리스도인이 된 지 얼마 안 된 어느 친구가 어떤 기독청년회에서 개최하는 롤러스케이팅 모임에 초청을 받았습니다. 그러나 그는 가지 않기로 작정했습니다. 왜냐하면 그리스도인이 되기 전, 그는 롤러스케이트장에서 여자들을 유혹했던 적이 많았기 때문이었습니다. 그가 그리스도인으로 성장해 가고 있던 그때에, 그러한 환경 가운데로 다시 들어가면 이전의 정욕적인 욕구가 자극받게 될 것이라고 생각했던 것입니다. 그래서 그는 "육신에 그런 기회를 주지 않기" 위해 "피하기로" 작정했던 것입니다. 그는 얼른 보기엔 아무 문제될 것도 없는 롤러스케이팅 모임에 갔을 경우에 대한 결과를 미리 예상해 보았기 때문에 이런 결정을 할 수 있었던 것입니다.

 하나님은 우리가 계속해서 책임감을 가지고 몸의 정욕을 다스려 나가길 원하십니다. 그러나 우리 자신의 힘으로는 이것을 할 수 없다는 것도 사실입니다. 우리를 둘러싸고 있는 갖가지 유혹으로부터 야기되는 우리의 정욕은 너무나 강해서 우리가 이길 수 없습니다. 우리 자신의 힘으로는 할 수 없긴 하지만, 우리는 해낼 수 있습니다. 우리가 성령을 의뢰하면서 그 일에 자신을 드리면, 성령께서는 우리 안에서 역사해 주십니다. 우리는 수없이 실패하게 될 것입니다. 그렇지만 인내로 계속해 나갈 때, 우리는 바울과 같이 "내게 능력 주시는 자 안에서 내가 모든 것을 할 수 있느니라"(빌립보서 4:13)라고 말할 수 있게 될 것입니다.

12

마음의 거룩함

그런즉 사랑하는 자들아, 이 약속을 가진 우리가
하나님을 두려워하는 가운데서
거룩함을 온전히 이루어
육과 영의 온갖 더러운 것에서
자신을 깨끗케 하자.
고린도후서 7:1

수년 전, 캠퍼스에서 전도를 하고 있을 당시, 대학생들에게 자신들이 모두 죄인이라는 사실을 실감할 수 있도록 해 주기에 적합해서 즐겨 사용했던 예화가 하나 있습니다. 우리는 가끔 "만일 오늘 저녁 내가 이번 주 동안 여러분의 머리를 스쳐 지나간 모든 생각들을 스크린 위에 비출 수 있다면, 여러분들은 아마도 이 도시를 떠나야만 할 것입니다"라고 말하곤 했습니다. 이 말은 정곡을 찌르면서도 또한 언제나 웃음을 자아내게 했습니다. 그러나 그리스도인들에게 있어서 이것은 결코 웃어넘길 이야기가 아닙니다. 우리의 생각은 우리의 행동만큼이나 중요하며, 하나님께서는 우리의 행동뿐만 아니라 우리의 생각도 분명히 알고 계십니다(시편 139:1-4, 사무엘상 16:7).

예수님은 산상수훈을 통하여, 하나님의 계명은 밖으로 드러난 행동에 대해서뿐만 아니라 내적인 성품에 대해서까지 말해 주고 있다고 가르치셨습니다. 살인을 하지 않았다고 해서 괜찮은 것이 아닙니다. 미워해서도 안 됩니다. 간음을 하지 않은 걸로 충분한 것이 아닙니다. 음란한 것은 보거나 생각하는 것조차 즐겨서도 안 됩니다.

우리는 몸의 본능을 다스리는 것을 배워야 하듯이, 우리의 생각도 예수 그리스도께 복종시키는 것을 배워야 합니다. 바울은 잘못된 동기에서 몸을 괴롭게 해 보았자 우리의 생각을 제어하는 데는 아무런 유익도 없다고 경고하고 있습니다(골로새서 2:23). 외적으로는 몸의 본능에 재갈을 물릴 수 있어도, 우리의 속사람은 여전히 갖가지 더러운 것들로 가득 차 있을 수 있습니다.

성경은 궁극적으로는 우리의 생각이 우리의 인격을 결정한다고 말합니다. 잠언에서는 대저 그 마음의 생각이 어떠하면 그 위인도 그러하다고 말했습니다(잠언 23:7). 이것을 잘 설명해 주고 있는 유명한 말이 있습니다.

> 생각을 심으면 행동을 거두고,
> 행동을 심으면 습관을 거두며,
> 습관을 심으면 인격을 거둔다.

우리의 생각이 이만큼 중요하기 때문에 바울은 다음과 같이 말했습니다. "종말로 형제들아, 무엇에든지 참되며, 무엇에든지 경건하며, 무엇에든지 옳으며, 무엇에든지 정결하며, 무엇에든지 사랑할 만하며, 무엇에든지 칭찬할 만하며, 무슨 덕이 있든지 무슨 기림이 있든지 이것들을 생각하라"(빌립보서 4:8).

그리스도인으로서 우리는 더 이상 이 세대를 본받지 말고 마음을 새롭게 해야 합니다(로마서 12:1-2, 에베소서 4:23, 베드로전서 1:14). 거룩함은 우리의 마음으로부터 시작되어 행동으로 나타나게 됩니다. 이러한 사실 때문에, 우리가 마음속에 무엇을 받아들이느냐 하는 것은 대단히 중요합니다.

우리가 시청하는 TV 프로그램, 우리가 관람하는 영화, 우리가 읽는 책과 잡지, 우리가 듣는 음악, 우리가 주고받는 대화가 다 우리의 마음에 영향을 줍니다. 우리는 빌립보서 4:8을 기준으로 삼아 이러한 여러 가지 영향들에 대해서 솔직하게 평가해 보아야 합니다. 이런 여러 가지 영향들로부터 온 생각은 참됩니까? 사랑할 만하며, 칭찬할 만하며, 덕이 될 만하며, 기릴 만합니까?

우리를 둘러싸고 있는 세상은 끊임없이 우리의 마음을 죄의 틀 안에 집어넣으려고 합니다. 세상은 이 일에 수고를 아끼지 않고, 굉장한 열심으로 우리를 유혹하고 부추기며 설득합니다(잠언 1:10-14). 우리가 이것을 거부하면 세상은 우리를 비웃고 조롱하며, '구식'이라느니 하는 말로 우리를 비꼽니다(베드로전서 4:4).

너무나 많은 그리스도인들이 세상의 이러한 끊임없는 압력에 맞서기보다는 점점 더 말려들어 가고 있습니다. 수년 전만 하더라도, 진실한 그리스도인이라면 영화를 보려고 할 때, 매우 신중하게 선택을 해서 봤습니다. 그 당시라면 금지되었을 영화가 오늘날엔 TV 전파를 타고 방방곡곡의 그리스도인의 안방에까지 침투해 들어오고 있습니다. 한 친구로부터 전임 사역자로 일하고 있는 어떤 젊은 부부가 그에게 찾아와, "그런 영화를 보면 죄가 되느냐?"라고 묻더라고 이야기하는 것을 들었습니다! 이런 질문을 할 수 있다는 자체가 이 세상이 우리의 마음을 어느 정도나 감염시켜 놓았는지 실감할 수 있게 해 줍니다.

우리가 듣고 있는 음악이 때로는 세상의 메시지를 담고 있기 때문에, 세상은 이 음악이라는 매체를 이용해서 우리를 그 틀 안에 집어넣으려고 합니다. 그래서 계속적으로 세상 음악을 듣는 그리스도인이 있다면, 그는 점차 세상의 영향을 받을 수밖에 없게 되어 있습니다. 우리 그리스도인들은 두말할 필요도 없이 외설적인 농담이나 이야기를 즐기거나 들어서는 안 됩니다. 초대 교회 안에서 사도 바울이 이 문제를 당연시하고 방치할 수만은 없는 실정이었듯이, 오늘날을 사는 우리들에게도 마찬가지입니다. 이 문제에 관한 바울의 분명한 경고를 들어 보기로 합시다. "음행과 온갖 더러운 것과 탐욕은 너희 중에서 그 이름이라도 부르지 말라. 이는 성도의 마땅한 바니라. 누추함과 어리석은 말이나 희롱의 말이 마땅치 아니하니 돌이켜 감사하는 말을 하라"(에베소서 5:3-4). 거룩한 삶에 상반되는 외설적인 이야기들은 "그 이름이라도" 입에 올리지 말아야 합니다.

불결한 생각을 불러일으키기 때문에 우리가 경계해야 될, 또 다른 자극제는 눈으로 보는 것입니다. 예수님은 음욕을 품은 눈에 대해서 경고하셨습니다(마태복음 5:28). 욥은 그의 눈과 언약을 세웠습니다(욥기 31:1). 다윗은 그의 눈을 부정한 데 둠으로 말미암아 영적인 삶에 치명적인 손상을 입었습니다(사무엘하 11:2). 우리는 우리 자신의 눈을 경계해야 될 뿐만 아니라, 또한 우리 자신이 다른 사람들에게 유혹의 대상이 되지 않도록 주의도 해야 합니다. 이 때문에 남자나 여자나 단정하고 정숙한 옷차림과 행동이 필요한 것입니다(디모데전서 2:9, 5:2).

빌립보서 4:8은 음란하고 불결한 생각에 대해서만 말하고 있지 않습니다. 우리의 생각은 순결해야 될 뿐만 아니라 또한 참되며, 사랑할 만하며, 칭찬할 만해야 합니다. 우리가 마음으로 간음을 할 수 있듯이(마태복음 5:28), 마음으로 살인을 할 수도 있습니다(마태복음 5:21-22).

바울은 그의 서신서 중에서 몇 가지 육신의 행위를 예로 들고 있습니다. 이것들은 몸을 더럽히는 행위로서 음란, 부정, 방탕, 술 취함, 호색과 같은 것들이 있습니다. 또 영을 더럽히는 것들로는 증오, 불화, 투기, 분노, 이기적인 야망과 같은 것들을 들고 있습니다. 우리는 몸을 더럽히는 커다란 죄로부터 우리 자신을 깨끗하게 지켜야 될 뿐만 아니라 영을 더럽히는, '묵인할 수도 있는' 죄로부터 우리를 깨끗하게 지켜야 합니다.

애석하게도 우리 그리스도인들은 바로 여기에서 자주 넘어집니다. 우리가 속한 그룹에서 설정한 행위의 가부에 초점을 맞출 뿐, 우리 속에 자리 잡은 질투, 교만, 쓴 뿌리, 비난, 용서하지 못하는 마음 등은 소홀히 여겨 무시합니다.

탕자의 이야기(누가복음 15장)에 나오는 형은, 질투와 자기 의로 불타는 마음을 가지고 철저하게 외면적인 삶을 살았던 사람의 전형적인 예입니다. 아버지의 말씀을 불순종했던 것은 하나도 없다고 주장할 수 있었습니다. 그러나 방탕했던 동생이 돌아온 것을 보고 기뻐하는 아버지를 향한 분노와 동생에 대한 질투심은, 오늘날에 이르기까지 우리가 피해야 할 본으로 잘 알려져 있습니다.

사울왕이 다윗을 상대로 무자비한 싸움을 벌였던 근본 원인도 따지고 보면 바로 이 질투심 때문이었습니다. 처음에는 사울이 다윗을 무척 기뻐했으며 전장에서 그의 병기 든 자로 임명했을 정도였습니다. 그러나 어느 날 사울은, 이스라엘 여자들이 "사울의 죽인 자는 천천이요 다윗은 만만이로다"(사무엘상 18:7)라고 노래하는 것을 들었습니다. 다윗에게는 만만을 돌리면서 자기에게는 천천을 돌리는 것 때문에 그는 심히 노했습니다. 성경은 "그날 후로 사울이 다윗을 주목하였더라"(사무엘상 18:9)라고 기록하고 있습니다. 하나님께서 우리 각 사람을 그 기뻐하시는 뜻대로 그리스도의 몸 안에 두시고(고린도전서 12:18), 각자에게 합당한 위치를 허락해 주셨습니다(고린도전서 7:17). 하나님께서 어떤 사람들에게는 높은 신분을 허락해 주셨지만, 또 어떤 사람들에게는 보잘것없는 신분을 주셨습니다. 부유한 사람들이 있는가 하면, 그날 벌어 그날 먹고 살기에 빠듯한 사람들도 있습니다. 그러나 우리의 신분이나 그리스도의 몸 안에서 처한 위치의 고하를 막론하고, 우리에게는 다른 누군가를 시기하는 유혹이 언제나 있습니다. 형은 언젠가는 그 아버지의 재산을 모두 상속받게 되어 있었음에도 불구하고, 다시 돌아온 동생을 환영하기 위해 베푼 잔치를 시기했습니다. 사울은 이스라엘 전체를 다스리는 왕이었지만, 다른 사람이 자기보다 더 많은 칭찬을 받은 것을 참지 못했습니다.

시기하거나 질투하는 죄에 대한 치유책은 하나님 안에서 만족을 찾는 것입니다. 시편 73편을 쓴 아삽은 악인의 형통함을 보고 부러워했습니다(3절). 그는 거룩함을 추구했던 자신의 삶이 헛된 것처럼 느껴졌습니다(13절). 하나님께 "땅에서는 주밖에 나의 사모할 자가 없나이다"라고 고백했을 때, 비로소 그는 시기하는 죄에서 벗어날 수 있었습니다.

영을 더럽혀 수많은 그리스도인들을 파멸시켜 왔던 또 하나의 죄로는 쓴 뿌리가 있습니다. 쓴 뿌리는 우리의 삶을 주관하시는 하나님의 절대주권을 신뢰하지 못할 때, 마음속에서 생겨납니다. 쓴 뿌리를 가질 만한 사람이 있었다면 그 사람은 바로 요셉입니다. 시기심 많은 형들 때문에 노예로 팔려 가서, 부정한 주인 여자의 거짓된 고발로 옥에 갇히고, 또 옥에서도 도움을 베풀어 주었던 사람에게 잊힌 바 되었지만, 요셉은 자기에게 일어났던 모든 일들을 주관하신 분은 하나님이시라는 사실을 결코 잊지 않았습니다. 나중에 가서 그는 형들에게, "당신들은 나를 해하려 하였으나 하나님은 그것을 선으로 바꾸사 오늘과 같이 만인의 생명을 구원하게 하시려 하셨나니"(창세기 50:20)라고 말할 수 있었습니다.

우리는 하나님을 향해서나 다른 사람들을 향해서 쓴 뿌리를 가질 수 있습니다. 아삽은 하나님께서 그를 공평하게 대해 주시지 않는다고 느꼈기 때문에 하나님을 향해 쓴 뿌리를 가졌습니다(시편 73:21). 욥은 하나님께서 그의 의로움을 인정해 주시지 않는다고 느꼈기 때문에, 하나님께 쓴 뿌리를 가지고 "사람이 하나님을 기뻐하나 무익하다"(욥기 34:9)라고 토로하는 지경에까지 이르게 되었습니다.

사람을 향한 쓴 뿌리는 용서하지 못하는 마음에서 생겨납니다. 누가 우리에게 실제로 잘못했거나 잘못한 것처럼 여겨질 때, 우리는 그 사람을 용서하려고 하지 않습니다. 오히려 그 사람을 향해서 쓴 뿌리의 닻을 내리게 됩니다. 우리는 하나님께서 우리의 더 큰 잘못까지도 용서해 주셨다는 사실을 무시해 버리기 때문에 그 사람을 용서하지 않는 것입니다. 우리는 마치 일만 달란트나 되는 빚을 탕감받고도, 겨우 백 데나리온 빚진 동료 하나를 빚을 갚지 않는다고 옥에다 가두었던 종과 다를 바가 없습니다(마태복음 18:21-35).

쓴 뿌리와 유사한 감정으로 보복심이 있습니다. 우리는 부당한 대우를 받으면, 행위로는 나타내지 않을지라도 때로는 보복하려는 마음을 품기도 합니다. 다윗이 아들 압살롬의 반란을 피해 도망하고 있을 때, 사울의 집 족속인 시므이라는 사람이 다윗을 저주하며 그에게 돌을 던졌습니다. 다윗의 부하 중 한 사람이 그를 죽여 보복하자고 했지만, 다윗은 다음과 같은 말로 그를 말렸습니다. "내 몸에서 난 아들도 내 생명을 해하려 하거든 하물며 이 베냐민 사람이랴. 여호와께서 저에게 명하신 것이니 저로 저주하게 버려 두라. 혹시 여호와께서 나의 원통함을 감찰하시리니, 오늘날 그 저주 까닭에 선으로 내게 갚아 주시리라"(사무엘하 16:11-12).

바울은 "내 사랑하는 자들아, 너희가 친히 원수를 갚지 말고 진노하심에 맡기라. 기록되었으되 '원수 갚는 것이 내게 있으니 내가 갚으리라'

고 주께서 말씀하시니라"(로마서 12:19)라고 썼습니다. 베드로는 우리 주님에 대해 기록하기를 "욕을 받으시되 대신 욕하지 아니하시고, 오직 공의로 심판하는 자에게 부탁하시며"(베드로전서 2:23)라고 했습니다. '원수 갚는 것이 내게 있으니 내가 갚으리라'고 말씀하시며 공평하게 판단하시는 하나님께 내어 맡김으로써, 우리는 보복심으로 우리의 영을 더럽히지 않고 깨끗하게 지킬 수 있습니다.

영을 더럽히는 죄 가운데 가장 다루기가 어려운 것이 판단하는 마음입니다. 판단하는 마음은 교만에 그 뿌리를 두고 있습니다. 우리의 눈 속에 들어 있는 교만이라는 '들보' 때문에 우리는 다른 사람의 '티끌'조차도 거론할 자격이 없습니다. 우리는, 자기에게는 아무런 흠도 없다고 생각하고 "하나님이여, 나는 다른 사람들과 같지 아니함을 감사하나이다"(누가복음 18:11)라고 기도했던 바리새인과 같을 경우가 종종 있습니다. 우리는 다른 사람들의 결점은 금방 보고 쉽게 말하지만, 우리 자신들의 결점은 잘 보지 못합니다. 우리가 알고 있는 내용이 사실인지 아닌지도 잘 모르면서, 기회만 있으면 다른 사람들에 대해 판단하기를 심히 좋아합니다. 우리는 "형제 사이를 이간하는 자"가 곧 "여호와의 미워하시는 것, 곧 그 마음에 싫어하시는 것 육칠 가지" 중의 한 가지라는 사실(잠언 6:16-19)을 잊고 서로를 판단하는 것입니다.

이와 같은 시기, 질투, 쓴 뿌리, 용서하지 못하고 보복하려는 마음, 판단하고 헐뜯는 마음들이 우리를 더럽혀서, 하나님 앞에 거룩한 자가 되지 못하게 합니다. 그것들은 음란, 술 취함, 방탕이나 다를 바 없이 악합니다. 따라서 우리는 이런 죄의 태도들을 우리의 마음에서 제거하는 일에 열심히 힘써야 합니다. 우리는 우리의 태도가 잘못되어 있다는 것조차 알지 못할 경우도 있습니다. 우리는 이런 더러운 생각들을 정의와 의의 분노라는 명목으로 덮어 두고 맙니다. 그러나 우리는 날마다 우리에게 겸손한 마음과 정직한 마음을 주셔서, 이러한 죄의 태도들을 있는 그대로 바로 볼 수 있게 해 주시도록 기도해야 합니다. 또한 우리의 마음속에서 죄의 태도들을 제거하고 하나님을 기쁘시게 해 드리는 생각들로 대체하는 훈련을 해 나갈 수 있는 은혜를 베풀어 주시도록 간절히 기도해야 합니다.

13
거룩함과 우리의 의지

> 너희 안에서 행하시는 이는 하나님이시니,
> 자기의 기쁘신 뜻을 위하여
> 너희로 소원을 두고 행하게 하시나니.
> 빌립보서 2:13

지금까지 우리가 거룩함에 대한 우리의 책임에 관해서 다루어 왔던 모든 주제들, 곧 확신과 결단과 인내와 훈련과 몸과 마음의 거룩함은 언제나 우리의 의지의 행동과 결부되어 있습니다. 죄를 지을 것이냐 순종할 것이냐를 선택하는 문제는 결국 각 개인의 의지에 달려 있습니다. 유혹에 굴복하느냐 아니면 유혹을 이겨내느냐 하는 것은 바로 의지의 문제입니다. 그래서 결국 우리의 의지는, 인격과 행동에서 거룩한 사람이 되느냐 되지 못하느냐 하는 도덕적 운명을 결정합니다.

이러한 사실 때문에, 우리의 의지가 어떻게 제 기능을 발휘하게 되는지에 대해서 이해하는 것은 대단히 중요합니다. 즉, 우리 의지의 방향을 결정하게 하는 것은 무엇이며, 또 그렇게 결정하게 되는 까닭은 무엇인가? 무엇보다도 우리는 날마다, 순간순간마다 실제적으로 우리의 의지를 어떻게 하나님의 뜻에 굴복하고 순종하게 할 수 있는지를 배워야 합니다.

우리의 의지가 어떻게 작용하는지를 이해하는 데 도움이 될 수 있도록 앞서 제6장에서 말한 마음의 정의에 대해서 다시 살펴봅시다. 오웬은 일반적으로 성경에서 언급된 마음은 지성, 감정, 양심, 의지와 같은, 선악을 행하는 영혼의 제반 기능을 통틀어 일컫는다고 말했습니다.

이러한 기능들은 다 하나님께서 우리 인간의 영혼에 심어 주셨던 것이지만 에덴동산에서의 타락으로 말미암아 모두 더럽혀지고 말았습니다. 우리의 총명은 어두워지고(에베소서 4:18), 우리의 욕망은 서로 뒤엉켜 뒤죽박죽이 되고(에베소서 2:3), 우리의 의지는 곁길로 벗어나고 말았습니다(요한복음 5:40). 거듭나게 됨으로써 우리의 이성은 다시 밝아지고, 우리의 감정과 욕망들이 정상을 회복하게 되었으며, 우리의 의지는 다시 제 길을 찾을 수 있게 되었습니다. 그러나 이것이 사실이긴 하지만, 단번에 그렇게 되는 것은 아닙니다. 이것은 실제로 점차적으로 이루어져 가야 할 과정인 것입니다. 성경은 우리에게 마음을 새롭게 하고(로마서 12:2), 위엣 것을 찾으며(골로새서 3:1), 하나님께 순복하라(야고보서 4:7)고 명하고 있습니다.

더욱이 하나님께서 처음으로 인간을 창조하셨을 당시엔 이성, 감정, 의지가 완전한 조화를 이루며 함께 작용했습니다. 이성은 하나님의 뜻을 분별하고, 의지는 하나님의 뜻에 동의하며, 감정은 그 뜻 행하기를 즐거워했습니다. 그러나 인간의 영혼에 죄가 침투해 들어오면서부터 이 세 가지의 기능들은 하나님께나 서로서로에게 대치되는 작용을 하기 시작했습니다. 의지는 완고하고 반항적이 되어서, 이성이 하나님의 뜻이라고 하는 것에 동의하려고 하지를 않습니다. 또는 보다 흔하게 일어나는 문제로, 감정이 주도권을 잡고 이성과 의지를 휘어잡아 하나님께 순종하지 못하게 하기도 합니다.

지금까지 말해 온 것들의 요지는 이성, 감정, 의지의 상호 관계를 이해할 수 있도록 강조한 것입니다. 선택의 최종적인 열쇠는 의지에게 있지만, 의지는 가장 강하게 영향력을 행사하는 힘의 지배를 받게 되어 있습니다.

이처럼 영향력을 행사하는 힘들에는 여러 가지가 있습니다. 사탄과 그의 세상이 주는 그럴듯한 제안일 수도 있고(에베소서 2:2), 자기 육신에서 나온 악한 욕심일 수도 있으며(야고보서 1:14), 또 그것은 양심의 다급한 호소일 수도 있고, 사랑하는 형제의 진심 어린 설득일 수도 있으며, 성령의 조용한 속삭임일 수도 있습니다.

따라서 우리는 우리의 이성과 감정에 영향을 주는 것들에 주의를 기울여야 합니다. 잠언에서는 "무릇 지킬 만한 것보다 더욱 네 마음을 지키라. 생명의 근원이 이에서 남이니라"(잠언 4:23)라고 말했습니다. 우리가 근면한 가운데 깨어서 우리의 이성과 감정을 지키면, 우리 안에 역사하시는 성령께서 우리의 의지를 그의 뜻에 일치시켜 주시는 것을 보게 될 것입니다(빌립보서 2:12-13). 그렇다면 우리는 어떻게 우리의 이성과 감정을 지킬 수 있습니까?

시편 기자는 "청년이 무엇으로 그 행실을 깨끗케 하리이까? 주의 말씀을 따라 삼갈 것이니이다"(시편 119:9)라고 말했습니다. 그는 하나님의 말씀으로 자기의 길을 지켰습니다. 성경은 주로 우리의 이성을 통해서 우리에게 말씀해 주십니다. 그렇기 때문에 우리의 이성이 계속해서 성경의 영향을 받을 수 있도록 해 주는 것이 대단히 중요합니다. 거룩함에 이르는 지름길이란 결코 있을 수 없습니다. 정로를 무시하고 성경 말씀을 꾸준히 섭취하는 일에 우선권을 두지 않는 자는 거룩함에 이를 수가 없습니다.

잠언에서는 우리에게 지혜와 지식과 명철이 우리를 악한 길에서 보호해 주실 것이라고 말했습니다(잠언 2:10-12). 이것들은 우리 이성의 특성들입니다. 우리는 이 특성들을 어떻게 얻습니까? "대저 여호와는 지혜를 주시며, 지식과 명철을 그 입에서 내심이며"(잠언 2:6). 그러나 주님께서는 누구에게 이 특성들을 주십니까? 그의 말을 받으며, 그의 계명을 간직하며, 지혜에 귀를 기울이며, 마음을 명철에 두며, 지식을 불러 구하며, 명철을 얻으려고 소리를 높이며, 은을 구하는 것같이 그것을 구하며, 감추인 보배를 찾는 것같이 그것을 찾는 자에게 주십니다(잠언 2:1-5).

잠언 2:1-12을 한번 훑어보기만 해도, 하나님의 말씀을 통하여 보호를 받기 위해서는 분명한 목표를 가지고 기도하는 마음으로 부지런하게 성경 말씀을 섭취해야만 된다는 것을 명백하게 알 수 있습니다. 우리의 이성을 지키려면 우리는 반드시 말씀에 우선권을 두고 생활을 해야 합니다. 우리는 성경에서 영적인 지식뿐만 아니라, 매일 살아 나가면서 생활에 적용할 것들을 찾아야 합니다.

우리는 우리의 이성을 지켜야 될 뿐만 아니라 감정도 지켜야 합니다. 이렇게 하기 위해서는 무엇보다도 중요한 것은, 하나님께서는 보통 우리의 이성을 통해서 우리의 의지를 움직이시지만, 죄와 사탄은 대개 우리의 욕망에 호소해 온다는 사실을 깨닫는 것입니다. 사탄은 우리의 이성을 공격해서 초점을 흐려 놓고 혼동시키는데, 그것은 단지 그가 우리의 욕망을 통해서 우리를 사로잡기 위한 그의 술책에 지나지 않습니다. 그것은 이미 그가 하와에게 사용했던 방법입니다(창세기 3:1-6). 그는 하와의 이성을 공격해서 하나님의 온전하심에 의심을 품게 하기도 했지만, 사실 그는 주로 하와의 욕망에다 유혹의 초점을 맞추고 있었습니다. 성경에는 하와가 그 나무를 본즉, 먹음직도 하고 보암직도 하고 지혜롭게 할 만큼 탐스럽기도 했다고 기록되어 있습니다(창세기 3:6).

사탄이 주로 우리의 욕망을 통해 공격해 온다는 것을 알고, 우리는 욕망을 부지런히 경계해야 되며, 끊임없이 하나님의 말씀의 영향을 받도록 해 주어야 합니다. 이것은 금욕이 아니며, 영적인 경성입니다. 죄가 어떻게 우리의 욕망을 공격해 오는지를 알아서 예방 조치를 강구해야 합니다. 바울이 디모데에게 "청년의 정욕을 피하고"(디모데후서 2:22)라고 가르치면서 강조했던 바가 바로 이것입니다.

그러나 욕망을 잘 지킨다는 것은 세상과 육신과 사탄의 유혹으로부터 우리 자신을 보호하기 위한 방어에만 그치는 것이 아닙니다. 우리는 공격을 해야만 합니다. 바울은 우리에게 우리의 생각을 위엣 것들, 즉 영적인 가치가 있는 것들에 두라고 가르치고 있습니다(골로새서 3:1). 시편 기자는 우리에게 하나님의 법을 즐거워하라고 격려합니다(시편 1:2). 또 예수님에 관한 예언 가운데 "나의 하나님이여, 내가 주의 뜻 행하기를 즐기오니"(시편 40:8)라는 말씀이 있습니다. 그러므로 우리는 우리의 욕망을 영적인 것들에 두며, 하나님의 뜻과 하나님의 법을 즐거워해야만 된다는 것을 알 수 있습니다.

지금까지 우리는 훈련, 즉 체계적인 계획을 전반적으로 살펴보았습니다. 보통 우리의 이성, 의지, 감정의 순서대로 그 기능이 발휘되어야 하지만, 자주 그 순서가 거꾸로 뒤바뀌기 때문에, 우리는 우리의 욕망에 주의를 기울여 그 욕망이 하나님의 뜻을 따를 수 있도록 해 주어야 합니다.

조깅을 처음 시작했을 때, 나는 별로 하고 싶은 마음이 없었기 때문에 지속적으로 하지를 않았습니다. 몸의 컨디션 조절을 위해서나, 보다 나은 건강을 유지하기 위해서는 조깅이 필요하다는 것을 알고 있었지만, 우선 당장 건강 상태가 좋지 않았고, 또 가뜩이나 시간이 부족하다고 느끼고 있던 차에 시간을 빼앗아 가는 조깅이 힘들게 여겨졌습니다.

그래서 나는 시작했다가 그만두고, 다시 시작했다가 그만두기를 여러 번 했지만 지속적으로 해내지를 못했습니다. 그러다가 조깅과 연관하여 한 책을 읽게 되었는데, 그 책은 심장을 단련해 주는 조깅과 같은 운동의 중요성을 잘 보여 주고 있었습니다. 지은이는 조깅이 중요한 까닭과 조깅을 하는 방법에 대해 몇 가지 간단한 지침을 설명하고, 조깅을 통해 현저하게 건강해진 많은 사람들의 예와 함께 여러 가지 사실과 교훈들을 보여 주었습니다.

나는 그 책을 아마도 대여섯 번 정도는 통독했을 것입니다. 내게는 조깅이 중요하다는 확신이 필요했던 게 아니었습니다. 나는 이미 조깅이 중요하다고 확신하고 있었습니다. 또 몇 가지 기본 원리에 대해서도 다시 읽을 필요가 없었습니다. 책 처음 부분에 명확하게 드러나 있었기 때문이었습니다. 내게 필요했던 것은 동기력이었습니다. 조깅 전후에 걸친 변화를 이야기해 주고 있는 그 성공 사례들이 나에게 조깅을 하도록 동기를 불러일으켜 주었습니다. 그 책을 읽고 또 읽으면서 드디어 나는 지속적으로 조깅을 해내는 데 성공했습니다. 나는 나의 이성(조깅의 중요성을 이해함)을 통해서는 해내지 못한 것을, 감정(동기력)을 통해서 나의 의지에 영향을 줌으로써 해냈던 것입니다.

삶에 대한 교훈과 지침들 이외에도, 성경에는 하나님을 의뢰하고 순종함으로 크게 변화된 삶을 살았거나, 역사의 흐름까지도 바꾸어 놓았던 실제 인물들의 '성공' 사례가 가득 차 있습니다. 히브리서 11장은 이 사례들에 대한 몇몇 간략한 일부 사실들만 열거해 주고 있는데, 그 외에도 언급되지 않은 이야기들은 훨씬 더 많습니다(히브리서 11:32 참조). 아브라함, 노아, 다윗뿐만 아니라 다니엘, 느헤미야, 엘리야와 같은 사람들이 남긴 공적도 우리가 그렇게 해야겠다는 동기력을 불러일으켜 줍니다. 따라서 성경을 읽을 때마다 이런 사람들에 대한 기사를 빠뜨리지 않고 포함시킴으로써 거룩한 삶에 대한 동기력을 고취하는 것도 좋습니다.

성경 외에도 우리는 참으로 거룩하고 경건한 삶의 동기력을 부여해 주는 몇몇 대표적인 책들에 주의를 기울일 수 있습니다. 우리 자신의 고유한 필요를 채워 줄 수 있는 책들은 대여섯 권을 넘지 않을 것입니다. 이런 책들은 거듭해서 읽어야 합니다. 기본적인 제안은 계속해서 우리에게 거룩함에 대한 동기를 부여해 줄 수 있는 훈련 계획을 가지라는 것입니다.

결국 우리 안에서 행하시며, 자기의 기쁘신 뜻을 위하여 우리로 소원을 두고 행하게 하시는 분은 하나님이십니다(빌립보서 2:13). 그러나 바울은 이 일에 힘써야 할 사람은 바로 우리 자신이라고 분명하게 말했습니다(빌립보서 2:12). 의지에 관계되는 우리의 책임은, 우리의 이성에 영향을 주며 우리의 욕망을 자극하는 것이 무엇인지를 알아, 우리의 이성과 감정을 지키는 것입니다. 우리의 책임을 다할 때, 우리는 하나님의 영이 우리를 거룩하게 해 주시는 것을 보게 될 것입니다.

14
거룩함과 습관

> 너희 육신이 연약하므로 내가 사람의 예대로 말하노니,
> 전에 너희가 너희 지체를 부정과 불법에 드려
> 불법에 이른 것같이, 이제는 너희 지체를
> 의에게 종으로 드려 거룩함에 이르라.
> 로마서 6:19

죄는 지으면 지을수록 점점 더 많이 짓게 됩니다. 존 오웬은 그것을 다음과 같이 말했습니다. "죄를 눈감아 주는 의지의 행위가 거듭되다 보면, 우리의 의지는 가벼운 죄의 유혹에도 쉽사리 굴복하는 결과를 낳게 됩니다."

우리가 범하는 모든 죄들이 죄의 습관을 더 굳혀 줌으로써 죄를 더욱 쉽게 지을 수 있게 합니다. 앞 장에서 이성과 감정은 의지에 작용하는 여러 가지 영향력들의 통로가 된다는 사실 때문에 우리의 이성과 감정을 지키는 것이 얼마나 중요한가에 대하여 살펴보았습니다. 그러나 습관이 어떻게 우리의 의지에 영향을 미치는지 이해하는 것도 대단히 중요합니다.

습관이란 "우세하게 나타나는 성향, 또는 생각과 느낌의 특성"이라고 정의합니다. 습관이란 우리의 마음 판에 새겨진 생각과 감정의 양식입

니다. 외적인 영향력이 우리의 행동에 영향을 미치듯 이러한 내적인 습성은 매우 강력한 역할을 담당하며, 사실 더 큰 영향력을 행사하는 것 같습니다. 오웬은 "모든 탐욕은 끊임없이 우리에게 악을 행하고 싶어 하는 마음을 일으키는 타락한 습성이나 성향"이라고 말했습니다.

우리는 불신자였을 때 거룩하지 못한 습관을 길러 왔는데, 바울의 표현을 빌자면 "부정과 불법"(로마서 6:19)에 우리를 드려 왔습니다. 죄를 지을 때마다, 곧 정욕과 탐욕과 증오와 기만과 거짓에 빠질 때마다, 우리는 계속해서 부정과 불법에 자신을 드리는 습관을 길러 온 것입니다. 이처럼 거듭된 불의의 행위가 나중에 가서는, 사실상 우리를 죄의 종으로 전락시키는 습관이 된 것입니다.

그러나 이전에는 우리 자신을 부정과 불법에 드렸던 것처럼, 이제는 거룩한 습관을 기르는 데 우리 자신을 드려야 한다고 바울은 말했습니다(로마서 6:19). 우리는 이전 것 곧 죄의 성품과 습관을 버리고, 새것 즉 거룩한 성품과 습관을 입어야 합니다. 경건에 이르기를 연습(디모데전서 4:7)한다는 것은 경건한 습관을 기르기 위해서 우리의 생활을 훈련하고 체계화하는 것을 말합니다. 이 죄의 습관들을 벗어 버린다는 것은 바울이 말한 육신의 행위를 죽인다 또는 억제한다(로마서 8:13)는 것과 같습니다.

이처럼 거룩하지 못한 습관을 다스려야 하는 책임이 우리에게 있지만, 우리 자신만의 힘으로 그 책임을 감당하려고 해서는 안 됩니다. 죄의 습관을 깨뜨리는 일은 반드시 성령을 의뢰하는 가운데 성령과 함께 해야 합니다. 순전히 인간적인 힘만으로 "나는 더 이상 그것을 하지 않겠다"라고 결심해 봐야 죄의 사슬은 결코 끊을 수가 없습니다. 그러나 우리는 다음과 같은 실제적인 원리들을 활용하여 경건에 이르기를 연습해야 합니다.

첫째 원리는, 습관은 계속적인 반복에 의해서 발전되고 굳어진다는 것입니다. 습관은 "계속적인 반복에 의해서 형성된 행동 양식"이라고도 정의할 수 있습니다. 이 원리는 죄는 지을수록 더 많이 짓게 된다는 사실을 바탕으로 하고 있습니다. 그 역도 역시 사실입니다. 죄는 멀리할수록 덜 짓게 됩니다.

그러므로 우리는 성령을 의뢰하는 가운데, 우리를 쉽게 얽어매는 죄를 멀리하는 습관을 조직적으로 길러 나가야 합니다. 우리는 우리 자신들이 어떤 죄에 특별히 약한지를 잘 알고 있습니다. 우리가 이런 죄들을 거부하는 일에 집중하게 되면, 하나님께서는 지금은 깨닫지 못하고 있는 다른 죄에 대해서까지 계속 그렇게 할 수 있도록 이끌어 주십니다. 육신의 욕망을 물리치는 일에 성공하면 할수록, 우리는 그 죄를 이기기가 점점 쉬워집니다.

마찬가지로 우리는 긍정적인 면에서 거룩한 습관을 키워 나갈 수 있습니다. 우리는 순결하고, 참되고, 선한 사고방식을 갖는 습관을 기를 수가 있습니다. 또, 기도하고 성경 말씀을 묵상하는 습관을 발전시켜 갈 수도 있습니다. 하지만 이러한 습관들은 오직 계속적인 반복을 통해서만 발전되어 나갈 수 있는 것입니다.

죄의 습관을 깨뜨리고 새로운 습관을 형성하기 위한 두 번째 원리는, 결코 예외를 두지 말라는 것입니다. 예외를 허락하면 옛 습관을 키우게 되고 새로운 습관을 형성하지 못하게 됩니다. 이런 점에서 볼 때, 우리는 "이번만"이라고 생각하는 애매하고 위험스러운 함정과 같은 사고방식을 주의해야 합니다. 욕망을 물리치기 위해 지불해야 하는 대가를 달가워하지 않기 때문에, "이번 한 번만 더 하자. 내일은 달라질 거야"라고 하는 식으로 스스로 속삭입니다. 마음속으로는 내일이면 더욱더 어려워지게 될 것이라는 사실을 알면서도, 우리는 이 사실을 간과해 버리고 맙니다.

　세 번째 원리는, 한 영역에서 성공하기 위해서는 모든 영역에서 근면해야 한다는 것입니다. 오웬은 "순종해야 될 모든 영역에 걸쳐 성실하고 부지런한 노력이 없이는, 끊임없이 괴롭혀 대는 죄를 어느 것도 성공적으로 억제할 수 없습니다"라고 했습니다. 어떤 습관은 '그렇게 나쁜 것만은 아니다'라고 생각할지도 모릅니다. 그러나 계속해서 그러한 습관에서 벗어나지 못하게 되면, 의지가 약해져서 다른 방향으로부터 공격해 오는 유혹에도 맞서기가 어렵게 됩니다. 예를 들어, 육신의 욕구를 절제할 줄 아는 습관을 기르는 것이 그처럼 중요한 까닭도 바로 여기에 있습니다. 이러한 욕구를 즐기는 정도는 그렇게 잘못된 것은 아니라고 생각할지 모르지만, 그러한 방종은 삶의 다른 모든 영역에서 우리의 의지를 약화시켜 버립니다.

　마지막으로 네 번째 원리는, 실패해도 실망하지 말라는 것입니다. 실패한다는 것과 실패자가 된다는 것은 엄연히 다릅니다. 더 이상 시도하기를 멈추고 포기할 때 실패자가 되는 것입니다. 그러나 얼마나 자주 실패하든지 간에 계속해서 그러한 죄의 습관을 바꾸려고 노력하는 한, 우리는 실패자가 되지 않고 진보를 기대할 수 있게 됩니다.

　속에 내재한 죄의 습성은 그대로 둔 채, 외부에서 오는 유혹들로부터만 우리 자신의 지성과 감정을 지켜봐야 아무런 소용이 없습니다. 거룩함을 위한 싸움은 안팎에서 동시에 수행되어야 합니다. 그렇게 될 때라야 우리는 비로소 우리의 거룩함에 진보를 나타낼 수 있게 될 것입니다.

15
거룩함과 믿음

믿음으로 아브라함은 부르심을 받았을 때에,
순종하여 장래 기업으로 받을 땅에 나갈새,
갈 바를 알지 못하고 나갔으며.
히브리서 11:8

거룩함을 추구해 나가는 과정에서, 그리스도인들은 종종 믿지 않는 세상 사람들에게는 불합리하고 어리석게 보이기조차 하는 일들을 해야 하는 경우도 있습니다. 우리는 거룩함이라고 할 때, 불결함과 도덕적인 악으로부터의 분리를 뜻하는 좁은 의미의 거룩함을 생각하기도 하지만, 넓은 의미에서 거룩함이란 하나님께서 무엇이라고 말씀해 주시든, 그 뜻에 순종하는 것을 말합니다. 그것은 예수님처럼 "하나님이여…(내가) 하나님의 뜻을 행하러 왔나이다"(히브리서 10:7)라고 말하는 것입니다. 삶의 모든 영역에서 하나님께 순종할 준비가 되어 있지 않은 사람은 아무도 거룩함을 추구해 나갈 수가 없습니다. 성경에서 말하고 있는 거룩함은 우리를 둘러싸고 있는 세상의 도덕적인 오염으로부터 우리 자신을 분리시키는 것 이상을 우리에게 요구합니다. 그것은 어떠한 값을 치르거나 희생을 무릅쓰고라도 하나님께 순종하기를 요구합니다.

해군에 복무하고 있을 당시, 내가 책임을 맡아 작전을 수행하던 중, 귀중한 보트 한 척을 잃어버리고 십여 명이 넘는 인원의 목숨을 위태롭게 한 사고가 발생한 적이 있습니다. 장래 나의 군 생활에 치명타를 가할 수 있는 심각한 상황이었습니다. 사고의 주원인은 기계 결함에 있었지만, 따지고 보면 우리가 규정대로 정확하게 작전을 수행하지 않았던 것도 사실이었습니다. 사고 원인을 규명하는 동안, 이 사실을 덮어 둠으로써 나를 보호하자는 유혹이 엄청나게 컸지만, 나는 조금이라도 거짓말을 해서는 안 되며 그 결과에 대해서는 하나님을 의뢰해야만 된다는 것도 알았습니다. 하나님께서는 이러한 순종에 복을 내리셔서, 철저히 기계적 결함에만 조사의 초점을 맞추도록 해 주셨기 때문에 내 경력에는 아무런 타격도 없었습니다.

이미 드러나 있는 하나님의 뜻에 순종하는 것은 종종 하나님의 약속을 주장하는 것만큼이나 큰 믿음의 발걸음을 요구합니다. 사실 히브리서에서 볼 수 있는 꽤 흥미 있는 것 한 가지는 저자가 순종과 믿음이란 말을 서로 번갈아 가며 쓰고 있다는 점입니다. 예를 들면, 구약의 히브리 민족은 **불순종했기** 때문에(3:18) 하나님의 안식에 들어올 수가 없었다고 말한 후, 이어서 그들은 믿지 않았기(불신) 때문에(3:19) 안식에 들어올 수 없었다고 이야기합니다. 그 뒷부분에서도 이처럼 불신과 불순종을 서로 바꾸어 가며 쓰고 있습니다(4:2,6).

히브리서 11장에는 믿음의 영웅들이 기록되어 있는데, "이 사람들은 다 믿음을 따라 죽었으며…"(13절)라고 말합니다. 그러나 이 장에서 우리는, 그들의 삶 가운데는 하나님의 뜻을 좇아 순종하는 태도가 하나님의 약속을 주장하는 것만큼이나 두드러지게 나타나 있는 것을 보게 됩니다. 여하튼 중요한 것은 그들이 믿음으로 순종했다는 사실입니다. 그리고 순종은 거룩함에 이르는 길이며, 거룩한 삶은 본질적으로 순종하는 삶이 되기 때문에, 믿음을 따라 살지 않고는 아무도 거룩해질 수 없다고 말할 수 있을 것입니다.

믿음은 구원의 필수 조건일 뿐만 아니라, 하나님을 기쁘시게 하는 삶을 위해서 필요한 요건이기도 합니다. 믿음은 하나님의 약속을 주장할 수 있게 해 줄 뿐만 아니라, 하나님의 명령들에 순종할 수 있게 해 주기도 합니다. 믿음은, 보통 생각에는 불합리하게 보이거나 희생이 뒤따를지라도 순종할 수 있게 해 줍니다.

위대한 '믿음'의 장인 히브리서 11장에 나오는 몇 가지 예가 이 진리를 분명하게 보여 줍니다. 예를 들면, 믿음으로 아벨은 가인보다 더 나은 제사를 하나님께 드림으로 의로운 자라 하시는 증거를 얻었다고 했습니다(4절). 가인이 드린 제사와 아벨이 드린 제사의 차이가 바로 이 믿음이었습니다. 아벨은 하나님 앞에 나아가 제사를 드릴 때 믿음으로 하나님께서 기뻐하시는 제사를 드렸습니다. 그러나 가인은 자기가 좋아하는 방법으로 하나님께 제사를 드렸고, 하나님께서 그 제사를 받지 않으시자 원망하는 마음과 악한 생각을 품었습니다. 그러다가 결국은 의로운 동생 아벨을 도리어 쳐 죽이는 살인자가 되고 말았습니다(창세기 4:2-8). "가인같이 하지 말라. 저는 악한 자에게 속하여 그 아우를 죽였으니 어찐 연고로 죽였느뇨? 자기의 행위는 악하고 그 아우의 행위는 의로움이니라"(요한일서 3:12). 하나님께서는 인간의 종교적 행사로서의 제사 자체를 원하시는 것이 아니라, 중심으로 하나님을 경외하는 참된 믿음과 순종의 태도를 원하시며 이를 축복하십니다.

세상의 가치관이 사면팔방으로 우리를 에워싸고 있습니다. 명성, 부, 현세의 행복이 인생의 가장 바라는 목표가 되고 있습니다. 그러나 성경은 단호하게 이러한 가치관들을 배격합니다. "너희 중에 누구든지 크고자 하는 자는 너희를 섬기는 자가 되고, 너희 중에 누구든지 으뜸이 되고자 하는 자는 너희 종이 되어야 하리라"(마태복음 20:26-27). 부한 자들은 "마음을 높이지 말고 정함이 없는 재물에 소망을 두지 말고, 오직 우리에게 모든 것을 후히 주사 누리게 하시는 하나님께 두며, 선한 일을 행하고 선한 사업에 부하고 나눠 주기를 좋아하며 동정하는 자"가 되라고 합니다(디모데전서 6:17-18). 우리를 둘러싸고 있는 사회가 성경의 가르침과는 정반대되는 목표를 추구하고 있는 이때, 이처럼 성경적인 가치관을 좇아 살아가기 위해서는 믿음이 있어야 합니다. 이 믿음은, 하나님께 순종하며, 순종의 결과에 대해서도 하나님을 의뢰하는 자들을 하나님께서 마침내 높이시고 복 주신다는 사실을 믿는 데 초점을 맞추고 있습니다.

노아의 삶은 이러한 믿음의 본을 보여 줍니다. "믿음으로 노아는 아직 보지 못하는 일에 경고하심을 받아 경외함으로 방주를 예비하여 그 집을 구원하였으니, 이로 말미암아 세상을 정죄하고 믿음을 좇는 의의 후사가 되었느니라"(히브리서 11:7). 세상에 임하게 될 심판에 대하여 하나님께서 노아에게 보여 주셨던 것은 경고 바로 그것이었습니다. 노아는 그 경고를 믿음으로 받아들였습니다. 그는 오직 하나님께서 하신 말씀을 근거로 아직 보이지 아니하는 것들에 대해 확신을 가졌습니다. 뿐만 아니라, 임박한 심판으로부터 구원받을 수 있는 길은 하나님께서 약속하신 방법, 곧 방주에 있다는 사실에 대해서도 확신했습니다. 그는 그 약속을 따랐으며 그 결과 자신과 그의 가족을 모두 구원했습니다.

노아의 방주는, 순종이라는 어려운 의무를 인내로 이룬 가장 위대한 본의 하나로 볼 수 있습니다. 노아는 하나님의 경고에 귀를 기울였으며, 하나님의 약속을 믿었기 때문에 백 년이 훨씬 넘도록 그 방주를 만들었습니다.

아브라함의 삶도 역시 믿음으로 순종한 예를 보여 줍니다. 아브라함을 부르신 내용을 보면 명령과 약속의 두 부분으로 되어 있습니다. 곧 그의 아비 집을 떠나 하나님께서 그에게 지시해 주실 땅으로 가라는 명령과, 하나님께서 그로 큰 민족을 이루고 땅의 모든 족속이 그를 인하여 복을 얻을 것이라는 약속이었습니다. 아브라함은 그 명령과 약속이 모두 다 하나님께로부터 나온 것이란 사실을 믿었으며, 그래서 그는 그 명령에 순종하고, 그 약속이 이루어지기를 기대했습니다. 성경은 그에 대하여 이렇게 기록하고 있습니다. "믿음으로 아브라함은… 순종하여"(히브리서 11:8).

성경은 아브라함의 믿음과 순종에 관한 이야기를 극히 당연하다는 식으로 기록하고 있기 때문에, 우리는 그가 믿고 순종하기 위해서 겪었을 어려움에 대해서는 간과해 버리기 쉽습니다. 존 브라운은 아브라함의 경우를, "아메리카 대륙이 발견되기 전, 낯선 지역으로 나아가 큰 민족의 창시자가 되며 많은 족속들이 그로 말미암아 복을 받게 되리라는 하나님의 명령과 약속을 따라, 자신과 가족을 파도에 맡기고 유럽 해안을 떠나야 했던 사람"에 비유합니다.

거룩함을 추구해 나가는 과정에서, 순종의 길은 우리의 이성에 대치되는 경우가 종종 있습니다. 그렇기 때문에 하나님의 약속을 확신하지 못한다면, 우리는 이 어려운 추구의 과정을 견뎌 낼 수가 없을 것입니다. 그것이 얼마나 힘들고 고통스럽든지 간에, 우리는 거룩함을 추구하는 일이 하나님의 뜻이라는 확신을 가지고 있어야 합니다. 또한 주위 환경이 그렇지 않은 것처럼 보일 때에도, 거룩함을 추구하면 결국 하나님의 인정과 축복을 받게 된다는 사실을 믿어야 합니다.

우리의 생활 가운데 어떤 특별한 일에 순종을 하기 위해서는 확신과 신뢰가 필요한 경우가 종종 있습니다. 하나님께서 이스라엘 민족에게 안식년을 지키라고 하신 명령이 바로 그와 같은 경우입니다. 하나님은 매 7년마다 땅으로 쉬어 안식하게 함으로써 여호와께 대한 안식을 지키며, 그 기간 중에는 밭에 파종하거나 포도원을 다스리지 말라고 명령하셨습니다(레위기 25:3-4). 이 명령과 함께 하나님께서는, 제6년째 소출을 3년 쓰기에도 족하게 하여 제9년, 곧 추수하기까지 묵은 곡식을 먹게 하시겠다는 약속을 주셨습니다(레위기 25:20-22). 이스라엘 민족이 이와 같은 하나님의 약속을 신뢰하기만 했더라면, 틀림없이 하나님의 명령에 순종했을 것입니다. 그렇지만 애석하게도, 구약의 기록을 보면 그들은 하나님의 약속을 신뢰하지도 않았고, 또 이 문제에 대해 보여 주신 하나님의 뜻이 그들 민족의 영화와 영적인 발전을 위해서 중요하다는 사실을 확신하지도 않았던 것 같습니다.

이와 똑같은 원리를 예수님의 말씀에서도 찾아볼 수 있습니다. "너희는 먼저 그의 나라와 그의 의를 구하라. 그리하면 이 모든 것을 너희에게 더하시리라"(마태복음 6:33). 명령은 먼저 하나님의 나라와 의를 구하라는 것입니다. 약속은, 우리가 그렇게 하면 하나님께서는 이 세상에서 우리에게 필요한 모든 것을 공급해 주시겠다는 것입니다. 하나님의 약속에 대한 신뢰심이 약해질 때가 종종 있어서 하나님의 명령을 따르기가 어려울 때가 있습니다. 그 결과 우리는 이 세상 일들에 우선권을 두고 삶의 기본적인 결정들을 하게 되는 경우가 빈번히 생깁니다.

북왕국 이스라엘의 첫 번째 왕 여로보암도 믿음의 부족으로 말미암아 불순종하게 된 인물임을 잘 보여 주고 있습니다. 하나님께서는 그에게 이렇게 약속하셨습니다. "네가 만일 내가 명한 모든 일에 순종하고 내 길로 행하며 내 눈에 합당한 일을 하며 내 종 다윗의 행함같이 내 율례와 명령을 지키면, 내가 너와 함께 있어 내가 다윗을 위하여 세운 것같이 너를 위하여 견고한 집을 세우고 이스라엘을 네게 주리라"(열왕기상 11:38).

여로보암은 하나님의 말씀을 믿고 순종했습니까? 성경은 그렇지 않았다고 이야기합니다. "그 마음에 스스로 이르기를 '나라가 이제 다윗의 집으로 돌아가리로다. 만일 이 백성이 예루살렘에 있는 여호와의 전에 제사를 드리고자 하여 올라가면, 이 백성의 마음이 유다왕 된 그 주 르호보암에게로 돌아가서 나를 죽이고 유다왕 르호보암에게 돌아가리로다' 하고, 이에 계획하고 두 금송아지를 만들고 무리에게 말하기를 '너희가 다시는 예루살렘에 올라갈 것이 없도다. 이스라엘아, 이는 너희를 애굽 땅에서 인도하여 올린 너희 신이라' 하고"(열왕기상 12:26-28).

우리는 여로보암이 하나님의 명령과 약속을 들으려고조차 하지 않고, 아예 그것들을 다 무시해 버렸다는 것을 족히 짐작할 수 있습니다. 분명 그는 하나님의 말씀을 듣긴 했지만 그 말씀에 자기의 믿음을 화합지 않았기 때문에 그에게 아무런 유익도 되지 않았습니다(히브리서 4:2). 그러나 우리는 여로보암을 탓하기 전에, 먼저 우리 자신을 돌이켜 봐야 합니다. 믿음을 화합지 못하고 너무나 명백한 하나님의 뜻을 순종하지 못하는 일이 얼마나 많습니까?

우리는 하나님께서 겸손한 자를 높이신다(베드로전서 5:6)는 것을 믿지 못하고 남들보다 높은 지위와 권력을 차지하려고 별짓을 다합니다. 우리는 하나님께서 우리를 주목하시고 그의 때에 우리의 원수를 갚아 주신다(로마서 12:19)는 것을 믿지 못하고, '어떻게 하면 원수를 갚을까?' 하고 별별 궁리를 다 합니다. 우리는 죄가 우리를 속인다(히브리서 3:13)는 사실을 확신하지 않기 때문에, 죄로부터 만족을 찾아보겠다고 생각하면서 죄를 멀리하지 않습니다. 또 우리는 "거룩함이 없이는 아무도 주를 보지 못하리라"(히브리서 12:14)라는 말씀에 대한 굳은 확신이 없기 때문에, 거룩함을 추구하는 것을 우리 삶의 최우선 순위에 두지 않습니다.

믿음과 거룩함은 떼려야 뗄 수 없는 관계입니다. 하나님의 명령을 순종한다는 말 속에는 보통 하나님의 약속을 믿는다는 내용이 내포되어 있습니다. 믿음은 "하나님께서 보여 주신 뜻에 순종하며 그 결과를 하나님께 맡기는 것"이라고 정의할 수 있을 것입니다.

"믿음이 없이는 (하나님을) 기쁘시게 못하나니"(히브리서 11:6). 거룩함을 추구해 나가자면, 우리는 반드시 성경에서 보여 주신 하나님의 뜻에 순종하는 믿음과 하나님께서 약속하신 것이 우리의 것이 된다고 믿는 믿음을 가져야만 합니다.

16
불경건한 세상에서의 거룩함

> 내가 비옵는 것은
> 저희를 세상에서 데려가시기를 위함이 아니요,
> 오직 악에 빠지지 않게
> 보전하시기를 위함이니이다.
> 요한복음 17:15

모든 그리스도인들은 세상이라는 거룩하지 못한 울타리 안에서 그리스도인의 삶을 살아가야만 합니다. 죄악이 가득 찬 세상 안에서 어떤 사람들은 엄청난 시험에 직면하기도 합니다. 대학 기숙사에서 생활하고 있는 학생들, 군 기지에서 생활하고 있거나 배에서 생활하며 근무하고 있는 군인들은 음란과 방탕과 정욕으로 더럽혀진 환경 가운데 처하지 않을 수 없을 때가 흔히 있습니다. 사업을 하는 사람들은 동료들의 부정직한 욕심을 만족시켜 주기 위해 도덕적, 법적 수준을 적당히 낮추라는 압력을 심하게 받는 경우가 허다합니다. 만일 그리스도인이 마음과 생각 가운데 이와 같은 악한 유혹에 전혀 대비하고 있지 않으면, 자신의 거룩함을 지켜 나가는 데 큰 어려움을 겪게 될 것입니다.

야고보는 참된 경건이 자기를 지켜 "세속에 물들지 아니하는"(야고보서 1:27) 것에 있다고 했으며, 바울은 "저희 중에서 나와서 따로 있고 부정한 것을 만지지 말라"(고린도후서 6:17)라고 촉구했습니다. 그렇다면 사면팔방으로 죄악이 가득한 세상의 끊임없는 압력을 받는 자신의 모습을 바라볼 때, 믿는 자로서 우리는 어떻게 하는 것이 마땅합니까?

주님의 기도를 보면 주님께서는 우리가 이 세상의 믿지 않는 사람들로부터 떠나 살기를 원하시지는 않는다는 사실이 분명히 드러나 있습니다(요한복음 17:15). 오히려 우리에게 '세상의 소금'과 '세상의 빛'이 되라고 말씀하셨습니다. 신약성경의 저자들은, 그리스도인들이 불경건한 세상 안에서 사는 것을 당연하게 여겼습니다(고린도전서 5:9-10, 빌립보서 2:14-15. 베드로전서 2:12, 3:15-16 참조). 그러나 우리가 불경건한 이 세상 안에서 사는 것이 쉬울 거라고 이야기하고 있는 구절은 하나도 없습니다. 오히려 조롱과 능욕을 받게 될 것이라고 경고해 주고 있습니다(베드로전서 4:3-4, 디모데후서 3:12, 요한복음 15:19).

우리는 세상과의 접촉을 끊으려고 할 게 아니라, 세상의 영향을 받지 않으려고 힘써야 합니다. 이렇게 하기 위해서는 무엇보다도 하나님께서 말씀을 통해 우리에게 주신 확신을 따라 살겠다고 결심해야 합니다. 우리는 천로역정에 나오는 수다쟁이처럼 어떤 사람들과도 어울릴 수 있고 어떤 종류의 이야기도 스스럼없이 할 수 있다고 자랑하는 사람이 되어서는 안 됩니다. 그는 주위 환경이 바뀔 때마다 몸 빛깔을 바꾸는 카멜레온과 같습니다. 우리들 가운데도 두 얼굴을 가진 사람들이 있습니다. 이런 사람들은 그리스도인 가운데 있을 때와 세상 사람들 가운데 있을 때 나타나는 얼굴이 서로 다릅니다.

거룩한 삶에 대한 우리의 확신은 불경건한 세상 사람들의 조롱을 견뎌 내고, 거룩하지 못한 그들의 생활 방식을 따르라고 강요해 오는 압력에 맞설 수 있을 만큼 강해야 합니다. 나는 지금도 해군 함정에서 근무하고 있을 당시, 한 동료가 장교 식당 벽에 선정적인 그림을 눈에 띄게

붙여 두고 나를 괴롭히며 조롱하던 것을 기억합니다.

우리의 확신을 따라 사는 데 도움이 될 수 있는 한 가지 좋은 방법은, 어떤 환경 가운데 있든지 드러내 놓고 자신을 그리스도와 동일시하는 것입니다. 이것은 은혜스러우면서도 분명한 태도로 나타나야 합니다. 다른 함정으로 전출되어 근무하게 되었을 때, 나는 '상륙 허가'를 받아 외출할 때마다 공공연하게 성경을 들고 나가는 간단하고도 말없는 행동을 통해서 내가 그리스도인이라는 사실을 드러내려고 노력했습니다. 대학 기숙사에서 생활하고 있는 학생이라면, 밖에 나갈 때 자기 방에 성경을 두고 나감으로써, 그 방에 들어오는 사람으로 하여금 그가 그리스도인이라는 사실을 다 알게 해 줄 수도 있습니다. 이처럼 드러내 놓고 그리스도와 동일시함으로써, 우리는 수다쟁이가 그랬던 것처럼 죄 많은 세상에 자신을 갖다 맞추려는 유혹에 말려들지 않을 수 있게 됩니다.

그러나 하나님께서 말씀을 통해서 우리에게 주신 확신을 따라 살겠다고 결심하고, 또 드러나게 그리스도와 동일시하는 삶을 산다 할지라도, 우리는 여전히 거룩하지 못한 환경들로 더럽혀지게 될 경우가 종종 있습니다. 곳곳에 걸려 있는 외설적인 사진들, 우리의 귓가에 들려오는 음란한 농담들, 여러 가지 온갖 부도덕한 행위들을 즐기며 자랑하는 말들이 모두 다 우리의 마음을 이 세상의 더러운 오물 속으로 이끌어 들이는 것들입니다. 이런 것들 외에도, 직장 동료들의 부정직한 편법, 이웃이나 동료들에 대한 끊임없는 험담, 주위에서 늘 듣는 거짓말이나, 절반은 에누리해서 들어야 하는 이야기들이 우리를 오염시킵니다.

이런 오염들을 가장 잘 막아 줄 수 있는 것이 바로 성경입니다. 시편 기자는 이렇게 말했습니다. "청년이 무엇으로 그 행실을 깨끗케 하리이까? 주의 말씀을 따라 삼갈 것이니이다"(시편 119:9). 우리가 그 가르침에 주의하여 전념하면, 성경은 세상의 더러운 것들로부터 우리 마음을 깨끗하게 해 줄 것입니다. 성경은 또한, 자주 유혹에 넘어가 우리의 눈과 생각이 주위에 있는 부도덕한 것들에 빠지지 않도록 우리에게 경고하기를 멈추지 않을 것입니다. 하나님을 믿지 않고 속된 흐름을 따르는 분위기가 가득한 한 대학에 다녔던 사람이 있었습니다. 주위 환경의 퇴폐한 영향으로부터 마음을 지키기 위해서, 그는 공부에 투자하는 시간만큼 하나님의 말씀에도 많은 시간을 쏟기로 결심하고 그렇게 한 결과, 그는 수많은 사람들에게 커다란 영향을 미치는 선교사가 되었습니다.

"음부와 유명은 만족함이 없고 사람의 눈도 만족함이 없느니라"(잠언 27:20)와 같은 구절이나, "누추함과 어리석은 말이나 희롱의 말이 마땅치 아니하니 돌이켜 감사하는 말을 하라"(에베소서 5:4)와 같은 말씀들은 우리의 주위 환경이 타락되어 있음을 볼 때, 우리가 암송하고 묵상해야 될 내용들입니다.

그렇지만 우리를 둘러싸고 있는, 죄가 가득한 세상에 대한 우리의 반응이 단지 방어적인 상태에만 머물러 있어서는 안 됩니다. 우리는 우리 자신들의 마음과 생각을 청결하게 유지할 수 있도록 관심을 기울여야 될 뿐만 아니라, 우리를 오염시키는 사람들의 영원한 운명에도 관심을 가져야 합니다. 하나님께서는 우리를 빛과 소금이 되라고 세상에 남겨 두셨습니다(마태복음 5:13-14). 세상에 대한 우리의 관계를 표현하기 위해 은유적으로 소금을 사용한 것은, 곧 그리스도인들은 침투력을 가진 용제요, 부패를 막고 지연시키는 방부제가 되어야 한다는 것을 가르쳐 줍니다. 윌리엄 헨드릭슨은 "소금은 부패와 싸웁니다. 마찬가지로 그리스도인들은, 그들이 진정한 그리스도인이라는 것을 나타냄으로써 끊임없이 도덕적, 영적 부패와 싸움을 하고 있습니다. 세상은 정말 악합니다. 이러한 악을 저지하기 위한, 성도들의 본이 되는 삶과 기도가 없었다면, 이 세상이 얼마나 더 형편없이 타락하게 되었을지는 하나님밖에 모르실 것입니다"라고 말했습니다.

우리는 '세상의 빛'으로서 구원의 복음을 전하는 사람들입니다. 예수 그리스도는 참빛이셨으며, 세례 요한이 "이 빛에 대하여 증거하러 온 자"(요한복음 1:7-9)였던 것처럼, 우리도 이 빛에 대한 증인이 되어야 합니다. 다른 사람을 향하여 이 같은 진정한 관심을 가지고 있는 그리스도인이라면, 그 사람의 부도덕한 행위에 영향을 받아 타락하지는 않을 것입니다. 오히려 그는 호의와 사랑의 관심을 보여 줌으로써 그 사람을 주님께로 인도할 수 있게 될 것입니다.

반드시 세상 사람들의 죄를 책망함으로써 세상의 소금과 빛으로 드러나는 것은 아닙니다. 우리 자신이 거룩한 삶을 사는 것만으로도 그들에게는 충분한 책망이 됩니다. 우리가 관심을 가져야 할 점은 그들의 행위가 아니라, 그들에게 구주로서 예수 그리스도가 필요하다는 사실입니다. 헨리 클레이 트럼불은 개인 전도에 뛰어났던 사람입니다. 어느 날 기차 여행을 하게 되었는데, 심하게 음주를 하는 젊은이와 한자리에 앉게 되었습니다. 그 젊은이는 잔을 비울 때마다 꼭꼭 그에게 잔을 권하는 것이었습니다. 그때마다 트럼불은 고맙다는 말과 함께 정중하게 거절했습니다. 이윽고 그 젊은이는 트럼불에게 "선생께서는 나를 정말 형편없는 녀석이라고 생각하실 겁니다"라고 말했습니다. 트럼불은 호의를 가지고 이렇게 말했습니다. "당신은 마음이 아주 후한 것 같소." 이 대답은 진지한 대화의 문을 열어 주어 그 젊은이는 자신을 그리스도께 맡겨야 될 필요성에 대하여 듣게 되었습니다.

예수님께서 세리 마태를 부르신 후, 마태의 집에서 마태의 많은 친구들과 함께 식사를 하시자 바리새인들이 비방했습니다. "너희가 어찌하여 세리와 죄인과 함께 먹고 마시느냐?" 이에 예수님은 이렇게 대답하셨습니다. "건강한 자에게는 의원이 쓸데 없고 병든 자에게라야 쓸데 있나니, 내가 의인을 부르러 온 것이 아니요 죄인을 불러 회개시키러 왔노라"(누가복음 5:30-32). 우리가 세상의 빛이 될 때, 하나님께서는 바로 이와 같은 일을 우리가 할 수 있게 해 주실 것입니다.

마지막으로, 이 장에서 여러 가지를 제안하긴 했지만, 그래도 여전히 타락한 환경을 견디기 어려울 때가 있을 것입니다. 우리는 롯처럼 불법적인 행위를 보고 들음으로 고통을 받게 될 것입니다(베드로후서 2:7-8, 창세기 19장). 이런 환경은 여러 사람이 함께 생활하는 기숙사라든가, 사업을 할 때 그리스도인으로서 마땅히 따라야 할 원리 원칙을 무시하고 적당히 타협하자는 압력이 끊이지 않는 곳 같은 데서 만날 수 있습니다. 이 같은 환경에 처했을 때, 우리는 그곳을 떠나야 될지 여부를 기도 가운데 생각해 봐야 합니다. (군 생활을 하는 경우엔 이것이 우리의 힘으로는 불가능합니다. 그렇지만 우리는 모든 것을 능히 이루시는 하나님께 나아가 기도로 호소할 수 있습니다.)

불경건한 세상에서 살면서 거룩한 삶을 유지한다는 것이 어려운 것은 사실입니다. 앞에서 여러 가지 내용을 제안한 의도는 이 문제를 쉽게 보이도록 만들어 보자는 데 있었던 것이 아니라, 이 어려운 문제를 푸는 데 실제적인 도움을 주자는 데 있었습니다. 무엇보다도 우리는 예수님을 바라보아야 합니다. 그분은 비록 세리나 죄인들과 함께 식사하셨지만, 그분 자신은 "거룩하고, 악이 없고, 더러움이 없고, 죄인에게서 떠나 계시고, 하늘보다 높이 되신"(히브리서 7:26) 분이었습니다. 그리고 또 우리는 그분께서 주신 약속을 주장해야 합니다. "사람이 감당할 시험밖에는 너희에게 당한 것이 없나니, 오직 하나님은 미쁘사 너희가 감당치 못할 시험 당함을 허락지 아니하시고, 시험당할 즈음에 또한 피할 길을 내사 너희로 능히 감당하게 하시느니라"(고린도전서 10:13).

17
거룩함의 기쁨

하나님의 나라는 먹는 것과 마시는 것이 아니요,
오직 성령 안에서 의와 평강과 희락이라.
로마서 14:17

하나님께서는 그리스도인들이 기쁨에 넘치는 삶을 살기를 원하시지, 지루하고 맥 빠진 삶을 살아가기를 원하시지 않습니다. 거룩함을 딱딱하게 굳어진 얼굴과 결부시키는 것은 매우 질이 낮은 만화에서나 흔히 사용하는 방법입니다. 사실은 그와 정반대입니다. 거룩한 삶을 살아 나가는 사람만이 참된 기쁨을 누릴 수 있는 것입니다.

예수님은 말씀하셨습니다. "내가 아버지의 계명을 지켜 그의 사랑 안에 거하는 것같이, 너희도 내 계명을 지키면 내 사랑 안에 거하리라. 내가 이것을 너희에게 이름은 내 기쁨이 너희 안에 있어 너희 기쁨을 충만하게 하려 함이니라"(요한복음 15:10-11). 이 말씀에서 예수님은, 기쁨과 순종의 관계를 보여 주셨습니다. 기쁨은 순종함으로써 얻어지는 결과입니다. 순종하는 사람만이 하나님께로부터 오는 기쁨을 알게 됩니다.

어떻게 해서 거룩함이 기쁨을 가져다줍니까? 한 가지는 하나님과 교제하는 기쁨을 들 수 있습니다. 다윗은 "주께서 생명의 길로 내게 보이시리니, 주의 앞에는 기쁨이 충만하고 주의 우편에는 영원한 즐거움이 있나이다"(시편 16:11)라고 말했습니다. 참된 기쁨은 하나님께로서만 오며, 하나님은 이 기쁨을 그와 함께 동행하는 사람들에게 나누어 주십니다. 다윗은 간음과 살인이라는 흉악한 죄를 지었을 때 하나님과의 교제를 잃었기 때문에 하나님께서 주시는 기쁨도 함께 잃었습니다. 이 범죄 후에 그는 참회의 기도를 하면서, "주의 구원의 즐거움을 내게 회복"시켜 주시기를 간구했습니다(시편 51:12).

우리가 매일 그리스도의 사랑을 경험하는 것과 그에게 순종하는 것 사이에는 밀접한 관계가 있습니다. 이것은 우리의 순종 여하에 따라 그의 사랑이 좌우된다는 말은 아닙니다. 만약 그렇다면 그것은 율법주의가 될 것입니다. 그러나 우리가 그의 사랑을 경험하느냐 못하느냐 하는 것은, 우리가 순종하느냐 하지 않느냐에 달려 있습니다.

윌리엄 헨드릭슨은, 하나님의 사랑은 우리의 순종에 앞설 뿐 아니라 또한 우리의 순종을 뒤따르기도 한다고 말합니다. 그는 하나님의 사랑은 "우리의 사랑에 앞서서 우리 안에 그리스도의 가르침대로 살고자 하는 열망을 불러일으켜 주시며, 우리의 사랑을 뒤따라 그 가르침대로 산 것에 대해 상을 내려 주십니다"라고 말했습니다.

기쁨을 맛볼 수 있는 또 하나의 이유는 내가 하나님께 순종하고 있다는 것, 즉 나는 내 삶의 어떤 특정한 영역에서 더 이상 하나님을 거역하고 있지 않다는 사실을 아는 데 있습니다. 성령과 우리 육신의 오랫동안에 걸친 싸움 끝에, 드디어 그의 은혜로 말미암아 우리를 지배하며 괴롭히던 죄의 문제를 근본적으로 해결하게 되었을 때, 우리는 특별히 큰 기쁨을 느끼게 됩니다. 우리는 이것을 승리의 기쁨이라고 부를 수도 있겠지만, 나는 순종의 기쁨이라고 부르고 싶습니다.

거룩하신 하나님과 교제하는 기쁨 이외에도, 거룩한 삶은 상급을 기대할 수 있는 기쁨을 줍니다. 히브리서 기자는 이렇게 말했습니다. "이러므로 우리에게 구름같이 둘러싼 허다한 증인들이 있으니, 모든 무거운 것과 얽매이기 쉬운 죄를 벗어 버리고, 인내로써 우리 앞에 당한 경주를 경주하며, 믿음의 주요 또 온전케 하시는 이인 예수를 바라보자. 저는 그 앞에 있는 즐거움을 위하여 십자가를 참으사 부끄러움을 개의치 아니하시더니 하나님 보좌 우편에 앉으셨느니라"(히브리서 12:1-2). 예수님은 상급 받으실 것을 기대하심으로써 십자가를 참으실 수 있었습니다. 어떠한 역경과 어려움도 그에게서 그 기대를 앗아 갈 수는 없었습니다.

달란트의 비유에서, 주님은 그들이 받은 달란트를 사용했던 두 종에게 이렇게 말씀하셨습니다. "잘하였도다, 착하고 충성된 종아.… 네 주인의 즐거움에 참예할지어다"(마태복음 25:21,23). 하나님께서 모든 그리스도인들에게 다 주신 '달란트' 중의 한 가지는 죄의 지배에서 벗어나 거룩한 삶을 살 수 있는 가능성입니다. 우리도 또한 생명이 다하는 그날까지 거룩한 삶에 정진함으로써 주인의 즐거움에 참예할 것을 기대할 수 있습니다.

기쁨은 거룩한 삶의 결과로 생겨날 뿐만 아니라, 거룩한 삶을 살 수 있게도 합니다. 느헤미야는 오랜 포로 생활 끝에 예루살렘에 돌아와 사기가 떨어져 있는 백성들에게 "여호와를 기뻐하는 것이 너희의 힘이니라"(느헤미야 8:10)라고 말했습니다. 순종이 없는 그리스도인에게는 기쁨이나 소망도 없습니다. 그러나 그가 그리스도로 말미암아 죄의 지배에서 벗어났으며, 모든 권세를 가지고 계신 분에게 연합되었으며, 순종의 삶은 가능하다는 것을 깨닫게 될 때, 그는 희망을 가지게 됩니다. 그리스도 안에서 희망을 가지게 되면서부터 그는 기쁨을 누리기 시작합니다. 이 기쁨이 가져다주는 힘으로, 이전에 걸핏하면 빠져들던 죄에서 벗어나게 됩니다. 그리하여 그는 거룩한 삶을 통해서 누리는 기쁨이 죄의 쾌락을 좇는 것보다 더 만족스럽다는 것을 알게 됩니다.

그러나 이러한 기쁨을 누리기 위해서는 우리가 반드시 결심해야 될 것들이 몇 가지 있습니다. 우리는 반드시 죄를 버리는 길을 택해야 합니다. 죄가 우리를 넘어뜨리기 때문만이 아니라, 죄는 하나님의 마음을 슬프게 해 드리기 때문입니다. 우리는 죄에 대하여 죽어 죄의 통치와 지배에서 벗어났으므로, 이제는 정말로 죄를 짓지 않을 수 있다는 사실을 믿고 의뢰하기로 결심해야 합니다. 또 우리는 순종의 삶을 훈련하기 위한, 우리의 책임을 받아들이기로 결심해야 합니다.

하나님께서는 우리가 거룩함을 추구하는 데 필요한 모든 것들을 다 마련해 주셨습니다. 하나님께서는 우리를 죄의 굴레에서 벗어나게 해 주셨으며, 우리에게 성령을 주셔서 우리 안에 거하게 해 주셨습니다. 하나님은 말씀을 통해서 거룩한 삶에 대해 자기의 뜻을 나타내 보여 주셨으며, 우리 안에 역사하셔서 하나님의 선하신 뜻을 위하여 우리로 소원을 두고 행하게 해 주십니다. 하나님께서는 영적 지도자들을 주셔서 우리의 거룩한 삶의 발길을 성원해 주고 격려해 주십니다. 또 유혹에서 이길 수 있는 힘을 달라고 부르짖는 우리의 기도를 들어주십니다.

선택은 우리에게 달려 있습니다. 어느 편을 택하겠습니까? 우리의 책임을 받아들여 하나님의 뜻에 순종하는 삶을 습관화하는 훈련에 자신을 드리겠습니까? 번번이 넘어져도 포기하지 않고 계속해서 인내해 나가겠습니까? 거룩한 삶은 우리 몸이 원하는 탐욕에 빠지기를 거부할 만큼 충분한 가치가 있다고 확신하십니까?

머리말에서 우리는 하나님을 의뢰하는 가운데 자신의 책임을 다하는 농부에 대해서 생각해 보았습니다. 그는 뒤돌아 앉아 하나님께서 행해 주시기만을 기다리지는 않았습니다. 오히려 그는 하나님을 의뢰함으로 스스로 그의 책임을 수행했습니다. 거룩함에 진보를 나타내기 위해서는 우리도 이와 같은 태도를 가져야 합니다. 하나님께서는 분명하게 말씀하셨습니다. "내가 거룩하니 너희도 거룩할지어다."

물론 하나님께서는 우리에게 거룩한 삶을 살 수 있는 방법도 마련해 주시지 않고 거룩하라고 명령만 하신 것은 아닙니다. 거룩해질 수 있는 특권도 당신에게 있으며, 거룩해져야겠다고 결심하고 그 거룩함을 이루어 갈 책임도 당신에게 있습니다. 그렇게 결심할 때, 당신은 그리스도께 순종함으로써 그와 동행하는 자들에게 약속하신 충만한 기쁨을 누리게 될 것입니다.

부 록

거룩한 삶의 추구
성경공부

차 례

시작하기 전에 / 165
 1. 당신을 위한 거룩함 / 167
 2. 선택의 여지가 없는 거룩함 / 171
 3. 그리스도의 거룩하심 / 175
 4. 거룩함을 위한 싸움 / 179
 5. 하나님의 도우심과 우리의 책임 / 183
 6. 땅에 있는 지체를 죽임 / 187
 7. 개인적인 경건의 훈련 / 191
 8. 몸의 거룩함 / 195
 9. 마음의 거룩함 / 199
10. 거룩함과 우리의 의지 / 203
11. 거룩함과 믿음 / 207
12. 불경건한 세상에서의 거룩함 / 211

시작하기 전에

거룩함이란 무엇인가? 나는 거룩한 삶에 대한 나의 책임을 충분히 이해하고 있는가? 나는 죄와의 싸움에서 왜 패배하는가? 하나님께서는 내가 죄를 이길 수 있도록 도와주시기 위해 무엇을 해 주셨는가?

거룩한 삶에 대한 하나님의 원리를 당신 스스로 발견할 수 있도록 하기 위해, 본서 거룩한 삶의 추구 본문과 병행해 사용할 수 있게 이 성경공부 교재를 마련했습니다. 이 성경공부 교재의 목적은 본문의 토대를 이루고 있는 여러 성경 구절들을 당신이 직접 공부할 수 있도록 하는 데 있습니다.

이 교재는 모두 12과로 되어 있으며, 거룩한 삶의 추구에 포함되어 있는 17장의 내용을 다 포괄하고 있습니다. 각 과마다 책의 본문을 한두 장씩 읽고, 성경 구절을 찾아 질문에 답하고, 거기에서 배운 진리들을 삶에 적용할 계획을 세우게 되어 있습니다. 성경을 좀 더 깊이 있게 공부할 수 있도록 선택 질문도 들어 있습니다.

각 과마다 공부를 시작하기 전에, 공부를 통해 그 말씀을 확실하게 밝혀 주심으로써 하나님을 새롭게 깨달아 갈 수 있게 해 주시도록 기도하십시오.

책의 본문을 읽어 가면서 중요한 문장은 펜이나 연필을 가지고 밑줄을 긋든지 표시를 하십시오. 본문을 읽어 가는 동안, 거기에서 발견한 기억해 두고 싶은 관찰 사항, 그 장의 진리를 잘 나타내 보여 주고 있는 예화나 다른 성경 구절들, 또 마음에 떠오르는 의문점들이 있으면 여백에다 적어 두십시오. 이것은 각 과마다 본문에 주어진 자료들을 확장시켜 줌으로써 당신에게 큰 유익을 줄 것입니다.

각 과마다 성경 구절들을 찾아 살펴보고 주어진 질문에 답하거나, 마지막 적용 문제에 답하기 전에, 아래 질문들에 스스로 답해 보십시오.

- 이 구절들은 거룩한 삶에 대한 하나님의 뜻에 대해 무엇을 가르쳐 주고 있는가?
- 이에 비해 나의 삶의 수준은 어떠한가? 나는 어디에서, 어떻게 실패하고 있는가?
- 하나님께 순종하기 위해서 내가 취해야 될 구체적인 행동은 무엇인가?

적용하고 싶은 성경의 진리뿐만 아니라, 적용에 대한 구체적이고 명확한 계획까지도 기록하십시오.

이 성경공부를 통해 가장 큰 유익을 얻을 수 있는 방법은, 당신 혼자서 먼저 공부를 한 다음, 역시 이 공부를 해 온 다른 사람들과 함께 모여서 각자 발견한 진리나 의문점들 및 적용 사항을 서로 나누는 것입니다.

"지존무상하며, 영원히 거하며, 거룩하다 이름하는"(이사야 57:15) 주님의 부르심에 대해서 점점 더 알아 갈수록, 당신은 거룩한 삶에 새롭게 헌신하며 거룩한 삶의 기쁨을 더욱더 누리게 될 것입니다.

제 1 과
당신을 위한 거룩함

1. **거룩한 삶의 추구** 제1장과 제2장을 읽으십시오. 읽어 가면서 당신이 발견한 주요 관찰 사항과 예화 및 의문점들을 아래에 기록하십시오.

2. 우리가 개인적으로 거룩함을 경험하지 못하는 세 가지의 이유를 다시 한 번 더 살펴보십시오(18-21쪽). 당신에게 있어서 가장 주된 이유는 무엇입니까? 또 다른 어떤 이유들이 있다고 생각합니까?

3. 다음 성경 말씀들을 찾아보고 하나님의 거룩하심에 대해 묵상해 보십시오. 당신에게 가장 큰 의미를 주고 있는 구절을 옮겨 적고, 그 이유를 말해 보십시오.
   출애굽기 15:11, 레위기 19:1-2, 시편 89:35, 이사야 57:15, 베드로전서 1:14-16

4. 다음 구절들은 하나님의 거룩하심에 대해서 무엇을 가르쳐 주고 있습니까? 자신의 말로 쓰십시오.
   하박국 1:13

   스가랴 8:17

   야고보서 1:13

5. (선택 질문) 다음 성경 구절들은 하나님의 거룩하심이나 그리스도인의 거룩함에 대해서 무엇이라고 말하고 있는지 살펴보십시오. 당신에게 가장 큰 도움을 주는 구절을 골라 내용 전체를 옮겨 적고 그 이유를 설명해 보십시오.

사무엘상 13:13-14, 시편 51:4, 이사야 6:1-5, 40:25, 예레미야 51:5, 에스겔 39:7, 로마서 6:14, 요한일서 1:5, 요한계시록 4:8, 22:11

6. 거룩함에 대한 정의를 당신 나름대로 내려 보십시오.

7. 이 과에서 배운 진리를 당신은 삶에 어떻게 적용하겠습니까?

제 2 과
선택의 여지가 없는 거룩함

1. 거룩한 삶의 추구 제3장을 읽으십시오. 읽어 가면서 당신이 발견한 주요 관찰 사항과 예화 및 의문점들을 아래에 기록하십시오.

2. 다음 구절들은 우리가 하나님 앞에서 거룩함을 얻은 사실에 대해 무엇을 가르치고 있습니까?
   로마서 5:19

   히브리서 10:10

   베드로전서 3:18

3. 다음 구절들은 거룩한 삶에 대해 무엇을 가르쳐 줍니까?
   에베소서 4:1,30

   데살로니가전서 4:7

   디도서 2:11-12

4. 다음 구절들을 성경에서 찾아보십시오. 그리스도인에게 있어서 거룩함이란 선택할 수 있는 것이 아니란 사실에 대해 각 구절들이 말하고 있는 바를 간단하게 요약해 보십시오.
   시편 66:18

   로마서 8:13-14

   디모데후서 2:21

   요한일서 1:6

5. 히브리서 12:14을 살펴보십시오. 거룩한 삶을 살아가기 위해서는 당신에게 어떠한 수고가 더 필요합니까?

6. (선택 질문) 다음 구절들을 찾아보고, 하나님 앞에서 거룩함을 얻은 사실과 거룩한 삶의 필요에 대해서 그 구절들이 가르쳐 주고 있는 바를 음미해 보십시오. 당신에게 가장 도움을 주는 구절을 옮겨 적고 그 이유를 설명하십시오.
시편 15:1-5, 32:3-4, 이사야 64:6-7, 마태복음 1:21, 7:21-23, 고린도전서 1:2, 고린도후서 5:17, 에베소서 1:4, 야고보서 2:14-26, 요한일서 3:2-5

7. 이 과에서 배운 진리를 당신은 삶에 어떻게 적용하겠습니까?

제 3 과
그리스도의 거룩하심

1. 거룩한 삶의 추구 제4장을 읽으십시오. 읽으면서 당신이 발견했던 주요 관찰 사항과 예화 및 의문점들을 기록하십시오.

2. 다음 구절들을 살펴본 후, 개인적으로 거룩함을 추구해 나가는 데, 그리스도의 거룩하심은 당신에게 어떤 의미가 있는지를 기록해 보십시오. 이사야 6:5-7, 에베소서 5:1-2, 디모데전서 1:15, 베드로전서 2:21

3. 예수 그리스도의 거룩하심에 대해서 말해 주고 있는 다음 구절들을 찾아 보십시오. 당신에게 가장 깊은 의미를 주는 구절을 옮겨 적고 그 이유를 말해 보십시오.
이사야 53:11, 요한복음 8:29, 고린도후서 5:21, 히브리서 1:9, 4:15, 베드로전서 2:22, 요한일서 3:5

4. 만일 사탄이 "참된 그리스도인이라면, 너는 오늘 네가 생각했던 것과 같은 악한 생각은 결코 하지 않았을 것이다"라고 속삭이며 당신이 구원받은 사실을 의심하게 하면 당신은 어떻게 하겠습니까?

5. (선택 질문) 그리스도의 거룩하심에 대해 말해 주고 있는 다음 구절들을 찾아보십시오. 어떤 구절이 당신에게 가장 깊은 의미를 줍니까? 왜 그렇습니까?

   요한복음 4:34, 6:38, 8:45-49, 히브리서 10:7, 베드로전서 1:18-19

6. 이 과에서 배운 진리를 당신은 삶에 어떻게 적용하겠습니까?

제 4 과
거룩함을 위한 싸움

1. 거룩한 삶의 추구 제5장과 제6장을 읽으십시오. 읽으면서 당신이 발견한 주요 관찰 사항과 예화 및 의문점들을 기록하십시오.

2. 로마서 6:1-12과 골로새서 1:13을 살펴보십시오. '죄에 대하여 죽었다'는 말의 의미는 무엇인지 당신 자신의 말로 써 보십시오.

3. 다음 구절들이 우리의 마음과 죄에 대하여 가르쳐 주고 있는 사실은 무엇입니까?
   예레미야 17:9-10

   마가복음 7:21-23

   로마서 7:18

4. 다음 구절들을 살펴보고 우리 욕심의 본질에 대해 설명하십시오. 또 우리가 그 욕심들을 경계해야 될 필요가 있는 이유를 말해 보십시오.
   에베소서 4:20-22, 디도서 3:3, 야고보서 1:14-15

5. (선택 질문) 죄와 우리의 싸움에 대해서 이야기하고 있는 다음 구절들을 찾아보십시오. 당신에게 가장 도움을 주는 구절을 옮겨 적고 그 이유를 설명하십시오.
   창세기 6:5-6, 시편 139:23-24, 잠언 4:23, 누가복음 6:45, 사도행전 26:18, 로마서 6:17-23, 고린도전서 10:12, 갈라디아서 5:17, 6:1, 히브리서 4:12, 야고보서 1:22, 요한일서 3:9

6. 우리가 죄에 대하여 이미 죽었다면, 왜 우리는 여전히 죄를 짓습니까?

182   거룩한 삶의 추구

7. 죄에 대하여 죽은 자들로서 이제 죄에 대한 우리의 책임은 무엇입니까?

8. 이 과에서 배운 진리를 당신은 삶에 어떻게 적용하겠습니까?

제 5 과
하나님의 도우심과 우리의 책임

1. 거룩한 삶의 추구 제7장과 제8장을 읽으십시오. 읽으면서 당신이 발견한 주요 관찰 사항과 예화 및 의문점들을 기록하십시오.

2. 로마서 6:11을 주의 깊게 생각해 보십시오. 이 구절이 당신에게 말해 주고 있는 의미는 무엇이며, 또 그것을 당신은 삶에 어떻게 적용하겠습니까?

3. 이사야 66:2과 데살로니가전서 5:23-24을 살펴보십시오. 거룩함에 이르기 위해서 우리가 성령을 의뢰하고 있음을 어떻게 나타내야 합니까? 이 영역에서 진보를 나타내기 위해 당신은 무엇을 하겠습니까?

4. 다음 각 구절들로부터, 우리가 거룩함을 추구해 나가는 데 있어 성령께서 우리를 어떻게 도와주시는지 간단하게 적어 보십시오.
   로마서 8:9

   로마서 8:13

   갈라디아서 5:16

   에베소서 3:16

   빌립보서 2:12-13

5. 다음 구절들을 읽고, 거룩함에 대한 당신 자신의 개인적인 책임을 찾아 적어 보십시오.
   히브리서 12:1, 야고보서 4:7, 베드로후서 3:14

6. (선택 질문) 다음 구절들은 성령께서 우리 안에서 역사하고 계신다는 것을 말해 주고 있습니다. 당신에게 가장 도움이 되는 구절을 옮겨 적고 그 이유를 말해 보십시오.
   고린도전서 6:18-19, 에베소서 3:14-21, 빌립보서 4:11-13, 골로새서 1:9-11, 데살로니가전서 4:7-8

7. 어떻게 우리는 성령을 의뢰하는 동시에 거룩함에 대한 우리 자신들의 책임을 받아들이는 태도를 나타낼 수 있겠습니까?

8. 이 과에서 배운 진리를 당신은 삶에 어떻게 적용하겠습니까?

제 6 과
땅에 있는 지체를 죽임

1. 거룩한 삶의 추구 제9장을 읽으십시오. 읽으면서 당신이 발견한 주요 관찰 사항과 예화 및 의문점들을 기록하십시오.

2. 로마서 8:13과 골로새서 3:5을 살펴본 후, 우리의 삶에서 땅에 있는 지체를 죽인다는 것이 무엇을 뜻하는지 당신 자신의 말로 쓰십시오.

3. 다음 구절들은 성경에 분명하게 언급되어 있지 않은 문제들에 대하여 우리가 개인적인 확신을 갖는 면에 있어서 우리를 어떻게 도와줄 수 있습니까?
고린도전서 6:12-13

고린도전서 8:4-13

고린도전서 10:23-33

4. 로마서 14장을 읽고, 그리스도인들끼리 서로 확신이 다른 문제에 관해 우리에게 도움을 줄 수 있는 원리들을 찾아 적어 보십시오.

5. 거룩함에 자신을 드리는 일의 중요성에 대해 다음 구절들이 가르쳐 주는 바는 무엇입니까?
   잠언 27:20

   누가복음 14:33

   요한일서 2:1

6. (선택 질문) 결단과 확신과 순종에 대해 다음 구절들은 우리에게 무엇을 가르쳐 주고 있습니까? 당신에게 가장 도움이 되는 구절을 기록하고 그 이유를 설명하십시오.
   신명기 17:18-20, 시편 119:9-11, 요한복음 14:21, 로마서 12:1-2

7. 구체적인 생활 영역에서 거룩한 삶을 살아야 될 필요성과 하나님께 순종하는 데 대해, 확신을 키워 나갈 수 있는 방법을 이야기하고, 그것을 뒷받침할 수 있는 성경 구절을 적어도 하나 들어 보십시오.

8. 성경 암송은 확신을 키워 나가는 데 어떠한 도움을 줄 수 있다고 생각합니까?

9. 이 과에서 배운 진리를 당신은 삶에 어떻게 적용하겠습니까?

제 7 과
개인적인 경건의 훈련

1. 거룩한 삶의 추구 제10장을 읽으십시오. 읽으면서 당신이 발견한 주요 관찰 사항과 예화 및 의문점들을 기록하십시오.

2. 다음 구절들은 그리스도인의 훈련에 대해서 무엇을 가르쳐 줍니까?
   고린도전서 9:24-27

   디모데전서 4:7-8

   디모데후서 3:16

3. 다음 구절들을 찾아보십시오. 그리스도인의 훈련에 인내가 필요한 이유는 무엇입니까? 이 구절들은 우리가 인내하는 데 어떤 도움을 줄 수 있습니까?
   잠언 24:16, 고린도전서 15:58, 히브리서 12:3

4. (선택 질문) 다음 구절들은 그리스도인이 훈련의 삶을 사는 것과 어떻게 연관되어 있습니까? 당신에게 가장 도움이 되는 구절을 옮겨 적고 그 이유를 설명하십시오.
   여호수아 1:8-9, 로마서 7:15, 에베소서 4:20-24, 히브리서 12:1-2, 야고보서 1:22-25

5. 성경 말씀을 묵상한다는 의미는 무엇입니까? 당신에게 적절한 묵상 계획을 세워 보십시오.

6. 나름대로 훈련의 정의를 내려 보십시오.

7. 이 과에서 배운 진리를 당신은 삶에 어떻게 적용하겠습니까?

제 8 과
몸의 거룩함

1. 거룩한 삶의 추구 제11장을 읽으십시오. 읽으면서 당신이 발견한 주요 관찰 사항과 예화 및 의문점들을 기록하십시오.

2. 아래 구절들은 유혹을 물리칠 수 있는 실제적인 방법을 제시해 주고 있습니다. 이 구절들은 삶의 어떠한 영역에서 당신에게 도움을 줄 수 있습니까?
   잠언 27:12

   로마서 13:14

   디모데후서 2:22

3. (선택 질문) 다음 구절들은 몸의 거룩함과 어떻게 연관되어 있는지 살펴 보십시오. 당신에게 가장 도움이 되는 구절을 옮겨 적고 그 이유를 말해 보십시오.
   빌립보서 3:17-19, 골로새서 3:5-7, 디모데전서 6:17, 히브리서 13:5, 요한일서 2:15-16

4. 아래 구절들을 찾아서 다 읽은 다음, 몸의 거룩함의 중요성을 설명해 보십시오.
   로마서 6:12-13, 12:1-2, 고린도전서 6:19-20, 9:27

5. 그리스도인이 먹고 마시는 것을 절제하는 문제가 중요한 까닭은 무엇입니까?

6. 물질주의는 어떤 식으로 우리 몸의 거룩함에 영향을 미칩니까?

7. 이 과에서 배운 진리를 당신은 삶에 어떻게 적용하겠습니까?

제 9 과
마음의 거룩함

1. 거룩한 삶의 추구 제12장을 읽으십시오. 읽으면서 당신이 발견한 주요 관찰 사항과 예화 및 의문점들을 기록하십시오.

2. 다음 구절들은 우리 생각의 거룩함이 중요하다는 것을 어떻게 보여 줍니까?
   사무엘상 16:7

   시편 139:1-4

   고린도후서 7:1

3. 당신의 사고방식을 빌립보서 4:8에 제시된 수준과 비교해 보십시오. 당신이 피해야 될 사고방식은 무엇입니까? 당신이 계발하고 싶은 사고방식은 무엇입니까?

4. 보고 듣는 것은 우리의 생각에 어떤 영향을 미칩니까? 다음 구절들을 통해서 볼 때, 이 두 가지 영역에 대한 성경의 수준은 무엇입니까?
마태복음 5:27-28, 에베소서 5:3-4, 디모데전서 2:9-10

5. 갈라디아서 5:19-21을 살펴보십시오. 죄의 습성으로 말미암아 나타난 이러한 행위들 가운데 그리스도인들이 가장 흔하게 범하는 잘못은 무엇입니까? 당신에게는 어떤 것이 가장 위험하다고 생각합니까?

6. 다음 구절들에는 어떤 거룩하지 못한 생각들이 언급되어 있습니까?
   사무엘상 18:6-12

   시편 73:12-14,21

   마태복음 18:21-35

   누가복음 15:22-32

   누가복음 18:9-14

7. (선택 질문) 마음의 거룩함과 연관해 다음 구절들은 무엇이라고 이야기하고 있습니까? 당신에게 가장 도움이 되는 구절을 옮겨 적고 그 이유를 설명하십시오.
창세기 37:3-11, 욥기 31:1, 잠언 1:10-16, 마태복음 5:21-22, 로마서 12:19, 베드로전서 2:21-23, 4:3-5

8. 이 과에서 배운 진리를 당신은 삶에 어떻게 적용하겠습니까?

제 10 과
거룩함과 우리의 의지

1. 거룩한 삶의 추구 제13장과 제14장을 읽으십시오. 읽으면서 당신이 발견한 주요 관찰 사항과 예화 및 의문점들을 기록하십시오.

2. 아래 구절들은 이성, 감정, 의지에 대한 우리의 책임을 어떻게 이야기하고 있습니까?
   로마서 6:19

   로마서 12:2

골로새서 3:1-2

야고보서 4:7-8

3. 잠언 2:1-12을 주의 깊게 읽으십시오. 우리의 마음을 악으로부터 보호하려면 우리는 어떻게 해야 합니까?

4. 성경에 나타나 있는 '성공' 사례(본문 134쪽 참조) 가운데, 당신에게 특히 인상적이며 거룩한 삶에 대한 동기를 계속해서 불러일으켜 주는 이야기를 둘만 들어 보십시오.

5. (선택 질문) 다음 구절들은 거룩함이 우리의 의지와 감정과 이성과는 어떠한 관련이 있다고 이야기하고 있습니까? 당신에게 가장 깊은 의미를 주는 구절을 옮겨 적고 그 이유를 설명하십시오.
창세기 3:1-6, 시편 1:1-2, 요한복음 5:39-40, 에베소서 4:17-19, 빌립보서 2:12-13, 디모데후서 2:22

6. 우리의 이성, 감정, 의지는 서로 어떠한 관계 가운데 상호 기능을 발휘합니까?

7. 새로운 습관을 들이거나 옛 습관을 버리는 데 대해 본문 제14장에서 나눈 네 가지 원리를 다시 한번 더 살펴보십시오. 새롭게 가지고 싶은 습관이나 버리고 싶은 습관은 무엇입니까? 이 네 가지 원리가 당신을 어떻게 도울 수 있는지 적어 보십시오.

8. 이 과에서 배운 진리를 당신은 삶에 어떻게 적용하겠습니까?

제 11 과
거룩함과 믿음

1. 거룩한 삶의 추구 제15장을 읽으십시오. 읽으면서 당신이 발견한 주요 관찰 사항과 예화 및 의문점들을 기록하십시오.

2. 히브리서 3:17-19과 4:2,6에서는 믿음과 순종의 관계를 어떻게 이야기하고 있는지 설명해 보십시오.

3. 히브리서 11장을 읽으면서 믿음으로 순종한 경우들을 주목해 보십시오. 이 장에 언급된 사람들이 믿었던 것들을 다섯 가지만 들어 보십시오. 당신에게 가장 깊은 의미를 주는 것은 어떤 것이며, 그 이유는 무엇입니까?

4. 히브리서 11장에 언급된 사람들은 구체적으로 하나님께 어떻게 순종했는지 다섯 가지만 열거하십시오. 이 중 어떤 예가 당신에게 가장 도전이 되며, 그 이유는 무엇입니까?

5. (선택 질문) 다음 구절들에 나타나 있는 원리들을 복습하십시오. 이 원리들을 따르기 위해서는 어떠한 믿음이 요구되는지 말해 보십시오. 또 어떤 경우에 당신은 그 원리들을 믿기가 가장 어렵습니까?
   마태복음 20:26-27, 누가복음 6:30-31, 로마서 12:19, 디모데전서 6:17-18, 히브리서 3:13

6. 거룩한 삶의 추구에서 우리는 거룩함이란 "도덕적으로 흠이 없는 것", "성경이 제시해 주고 있는 도덕적 가르침을 따라 사는 것"(17-18쪽), "하나님의 성품을 닮는 것"(24쪽), "하나님께서 무엇이라고 말씀해 주시든 그 뜻에 순종하는 것"(141쪽)이라고 정의했습니다. 이것을 통해서 배웠거나 또는 앞에서 배운 내용들 가운데 당신에게 가장 의미 깊은 정의를 내려 보고, 그것을 제1과 질문 6에서 답했던 내용과 비교해 보십시오.

7. 이 과에서 배운 진리를 당신은 삶에 어떻게 적용하겠습니까?

제 12 과
불경건한 세상에서의 거룩함

1. 거룩한 삶의 추구 제16장과 제17장을 읽으십시오. 읽으면서 당신이 발견한 주요 관찰 사항과 예화 및 의문점들을 기록하십시오.

2. 아래 구절들을 주의 깊게 살펴보고 나서, 거룩하지 못한 세상에서 그리스도인들이 어떻게 살아야 할지에 대해서 그 구절들이 가르치고 있는 바를 요약해 보십시오.
   마태복음 5:13-14, 요한복음 17:14-16, 베드로전서 3:15-16

3. 아래 구절들을 보고, 사람들이 거룩한 삶을 조롱하고 모욕할 때 그리스도인들은 어떤 반응을 보여야 할지를 말해 보십시오.
마태복음 5:11-12, 요한복음 15:19, 디모데후서 3:12, 베드로전서 2:12, 4:12-13

4. 우리는 거룩하지 못한 사람들과 관계를 맺으면서도(누가복음 5:29-32) 거룩함을 잃지 않으셨던 예수님의 본(히브리서 7:26)을 어떻게 따를 수 있겠습니까?

5. 고린도전서 10:13을 읽으십시오. 이 약속은 거룩하지 못한 환경에 처해 있을지도 모를 당신에게 어떤 도움이 될 수 있겠습니까?

6. (선택 질문) 아래 구절들은 불경건한 세상에서의 거룩함이나 거룩함의 기쁨에 대해서 어떻게 이야기하고 있습니까? 당신에게 가장 깊은 의미를 주는 구절을 적고 그 이유를 말해 보십시오.
고린도전서 5:9-10, 에베소서 5:5-12, 빌립보서 2:14-15, 베드로전서 4:3-4, 베드로후서 2:7-9, 시편 51:10-12, 히브리서 12:1-2

7. 거룩한 삶의 기쁨에 대해서 다음 구절들이 이야기하고 있는 바는 무엇입니까?
느헤미야 8:9-10

시편 16:11

요한복음 15:10-11

로마서 14:17

8. 이 과에서 배운 진리를 당신은 삶에 어떻게 적용하겠습니까?

거룩한 삶의 추구

1985년 5월 4일 초판 1쇄 발행
2023년 2월 1일 3판 1쇄 발행
2024년 3월 25일 3판 3쇄 발행

펴낸곳: 네비게이토 출판사 ⓒ
주소: 03784 서울시 서대문구 연희로 16 (창천동)
전화: 334-3305(대표), 334-3037(주문), FAX: 334-3119
홈페이지: http://navpress.co.kr
출판등록: 제10-111호(1973년 3월 12일)
ISBN 978-89-375-0637-6   03230

본 출판사의 서면 허락 없이는 본서의 전부 또는
일부의 무단 복제, 또는 원문에 대한 무단 번역을 금합니다.